VIVER PARA SENTIR-SE VIVO

ALBERT BOSCH

VIVER PARA SENTIR-SE VIVO

2.304.400 passos até o fim do mundo

Tradução: Mayara Leal e Thayná Neto

MAGNITUDDE

MAGNITU^DDE

Viver para sentir-se vivo – 2.304.400 passos até o fim do mundo
Título original: *Vivir para sentirse vivo – 2.304.400 pasos hasta el fim del mundo*
Copyright © 2013 by Albert Bosch
Copyright desta tradução © 2015 Lúmen Editorial Ltda.

Magnitudde é um selo da Lúmen Editorial Ltda.

1ª edição - maio de 2015

DIREÇÃO EDITORIAL: *Celso Maiellari*
DIREÇÃO COMERCIAL: *Ricardo Carrijo*
PREPARAÇÃO DE ORIGINAIS E REVISÃO: *Lótus Traduções*
PROJETO GRÁFICO, CAPA E DIAGRAMAÇÃO: *Ricardo Brito | Estúdio Design do Livro*
IMAGEM DE CAPA: *R_Koopmans | iStockphoto*
IMPRESSÃO: *Gráfica Yangraf*

Dados Internacionais de Catalogação na Publicação (CIP)
(Câmara Brasileira do Livro, SP, Brasil)

Bosch, Albert
Viver para sentir-se vivo : 2.304.400 passos até o fim do mundo / Albert Bosch ; tradução Mayara Leal e Thayná Neto. -- São Paulo : Magnitudde, 2015.

Título original: Vivir para sentirse vivo : 2.304.400 pasos hasta el fim del mundo.

ISBN 978-85-65907-34-7

1. Antártica - Descrição 2. Autoconhecimento 3. Autorrealização 4. Relatos de viagens 5. Viagens - Narrativas pessoais I. Título.

15-04322   CDD-910.4

Índices para catálogo sistemático:
1. Relatos de viagens   910.4

Lúmen Editorial Ltda.
Rua Javari, 668
São Paulo - SP
CEP 03112-100
Tel/Fax (0xx11) 3207-1353

visite nosso site: www.lumeneditorial.com.br
fale com a Lúmen: atendimento@lumeneditorial.com.br
departamento de vendas: comercial@lumeneditorial.com.br
contato editorial: editorial@lumeneditorial.com.br
siga-nos nas redes sociais:
@lumeneditorial
facebook.com/lumen.editorial1

A autora deste livro não dispensa aconselhamento médico ou prescreve o uso de qualquer técnica como forma de tratamento para problemas físicos, emocionais ou de saúde sem o aconselhamento de um médico, seja direta ou indiretamente. A intenção da autora é apenas oferecer informações de carácter geral para ajudar em sua busca emocional, espiritual e de bem-estar. No caso de você usar qualquer uma das informações contidas neste livro para si mesma, sendo seu direito constitucional, a autora e a editora não assumem nenhuma responsabilidade pelas suas ações.

2015

Proibida a reprodução total ou parcial desta obra sem prévia autorização da editora

Impresso no Brasil - *Printed in Brazil*

A Camila Vargas (projeto CHANCE),
por ter nos ensinado a importância de respirar,
e que a atitude e os sonhos estão acima
das circunstâncias.

Vou acreditar no que você diz quando vir o que você faz

> *Se passarmos a vida esperando que algo específico aconteça e não agirmos, é muito provável que a única coisa que passe seja a própria vida.*

Este livro destina-se a 99% da humanidade que não tenha sido tocada por um talento especial que lhe permitisse levar uma existência muito especial e única; a todas as pessoas que sejam simplesmente normais na maioria dos aspectos e que certamente seguiriam um roteiro bastante comum no ambiente em que nasceram, se não optassem por liderar o seu destino antes de se deixarem liderar pelos demais ou pelos costumes da sociedade; a todas as pessoas inquietas e curiosas, que escolhem crescer e evoluir além das muralhas que muitas vezes nos mostram o caminho em que nos encontramos; a todos os que estão convencidos de que a melhor homenagem que podemos oferecer à nossa existência é experimentar ao máximo tudo o que vivemos a cada dia; a todos os que não se contentam em fazer apenas o que se espera deles, porque são conscientes de que há muitos espaços interiores e exteriores que valem a pena explorar.

Ele foi escrito do ponto de vista de um entre muitos. Uma pessoa qualquer, que não teve talento suficiente para ser um atleta de elite, que não foi inteligente o suficiente para se destacar nos estudos, que não teve sucesso como executivo, que não conseguiu se tornar um milionário com os negócios e que definitivamente não era especial em qualquer sentido. Mas também uma pessoa que sabia muito bem que ser simplesmente normal não devia implicar um impedimento para levar uma vida intensa e interessante, que isso não significava que devia se conformar com o que lhe foi dado e desistir de tornar seus sonhos realidade, que não devia deixar de criar o seu caminho sem mais limitação do que sua própria atitude.

Aqui, você vai encontrar uma mensagem eminentemente cheia de vida. Algumas reflexões feitas por alguém apaixonado em "viver" como um verbo, acima da "vida" como um substantivo. Porque pensar

VIVER PARA SENTIR-SE VIVO

na vida e conceituá-la é um exercício importante, mas que não produz efeito real se não é colocado em prática. Afinal de contas, o que realmente importa para que nos sintamos vivos e façamos com que a nossa existência adquira um sentido para nós mesmos, para os demais ou para o nosso entorno é a ação ou a ativação de nossos pensamentos. Porque há muitas pessoas no mundo que sabem tudo a respeito de algo específico, mas não sabem como fazê-lo ou como transformá-lo em realidade.

Somos mais do que um pedaço de carne que respira e tem um ciclo de vida determinado que o leva a nascer, crescer, reproduzir-se às vezes e, no final, sucumbir e morrer. Nós humanos nos diferenciamos do resto dos animais na capacidade de raciocinar, aprender, evoluir e exercer a liberdade de decidir a respeito de quase qualquer aspecto de nossas vidas. Apelando para essa liberdade, eu acredito que no final ela é demonstrada ao ser realmente exercida, não apenas quando se reflete sobre ela. Por isso são muitos os que não se contentam em falar da vida e pensar nela. São aqueles que preferem caminhar pela natureza, em vez de vê-la em um atlas. Aqueles que gostam mais de fazer sexo com uma mulher ou um homem do que de se excitar com um filme pornô. Aqueles que sentem mais amor ao abraçar seus filhos, ou seu parceiro ou parceira, do que ao ler um romance.

Aqueles que desfrutam mais de uma corrida ou uma experiência real do que de um jogo virtual. Aqueles que entendem que o compromisso e a ação são mais importantes do que permanecer no mundo das ideias. E, finalmente, são todos aqueles que querem viver a vida para se sentirem vivos.

Nossas aspirações podem ser esportivas, profissionais, familiares, pessoais, sociais, culturais, espirituais ou de qualquer âmbito que seja, mas no final sempre precisaremos delas para mirar algum objetivo e começar a andar em uma determinada direção.

No dia 4 de janeiro de 2012, eu cheguei ao Polo Sul geográfico, depois de uma travessia a pé partindo da costa antártica realizada em total autossuficiência por 67 dias, dos quais permaneci totalmente sozinho por 48. Depois de muitos anos vivendo aventuras ao redor do mundo, nesse projeto eu pude experimentar de modo maximizado todos os fatores que buscava em minhas viagens. A atmosfera única e extrema da Antártida, a dureza e a singularidade do propósito, a complexidade da preparação e da execução, e, sobretudo, a oportunidade de ter sido capaz de viver em solidão 98% do percurso, me provocaram uma comoção interior e exterior que despertou em mim

VIVER PARA SENTIR-SE VIVO

uma avalanche de reflexões, que eu tentei transmitir por meio deste livro.

Os textos que você vai encontrar a seguir foram idealizados durante a expedição "Polo Sul 1911-2011", realizada entre 30 de outubro de 2011 e 4 de janeiro de 2012, mas neles não explico em detalhes a aventura em questão, apenas uso o enredo desse evento para expressar algumas das ideias e conceitos que formam parte de mim como pessoa, tanto aqui, no dia a dia, como lá, em um âmbito extremo, conectado com a natureza mais pura e afastada. Eu acredito que eles podem ser de interesse para qualquer um que compartilhe, de uma forma ou de outra, uma mínima inquietude de viver com paixão tudo o que faz parte da nossa existência.

Eu espero sinceramente que você desfrute desta obra e que ela seja de alguma utilidade para você em qualquer aspecto de sua vida. Talvez você goste dela, talvez não. Talvez você concorde com algumas coisas, ou talvez não compartilhe qualquer ou a maioria das opiniões. Talvez ela desperte em você algum sentimento, ou não o comova de nenhuma forma. Suponho que você vá ver que eu fui um pouco radical ao expressar alguns conceitos, mas de forma alguma desejo dar a entender que pretendo alcançar a verdade absoluta em qualquer questão. No final das contas, são apenas opiniões e reflexões que fiz em um momento especial da minha vida, embora acumuladas a partir de uma experiência e uma trajetória bem longa. Não me importa se o que eu digo é válido ou não, mas o que eu bem sei é que escrevi de forma sincera, sem medo e sem me proteger de forma alguma das opiniões alheias. Em última análise, acredito que o principal valor deste livro é que o conteúdo dele é verdadeiro, porque nasceu de uma experiência muito intensa, vivida verdadeiramente, e isso deve ter algum peso em um mundo cheio de exibicionistas e charlatões de todos os tipos, que quase sempre falam de coisas que não viveram realmente. Eu não sou um teórico em nenhuma das acepções da palavra, e só falo de conceitos e ideias que aprendi ao longo do meu caminho. Por isso eu gosto em especial da frase que diz: "Vou acreditar no que você diz quando vir o que você faz". Assim, queridos leitores, eu dedico a vocês o fruto de tudo o que eu pensei e vivi durante os 2.304.400 passos que dei para chegar ao Polo Sul.

Sumário

CAPÍTULO 1 Quarto 307, 15

CAPÍTULO 2 Do deserto de areia ao deserto de gelo, 23

CAPÍTULO 3 Salão do Espírito e Tempo, 49

CAPÍTULO 4 Prisioneiros do gelo, 69

CAPÍTULO 5 Eu fico sozinho, 91

CAPÍTULO 6 Uma corrida de obstáculos, 111

CAPÍTULO 7 O objetivo impossível, 129

CAPÍTULO 8 A gestão dos limites, 143

CAPÍTULO 9 A travessia dos sentidos, 167

ALBERT BOSCH

CAPÍTULO 10 O GRANDE COMBATE DA MENTE, 191

CAPÍTULO 11 FELICIDADE AUSTRAL, 213

CAPÍTULO 12 NÓS CONSEGUIMOS, 225

FECHANDO O CÍRCULO, 237

CAPÍTULO 1
QUARTO 307

Minha boca estava muito seca quando acordei. A intensa luz fluorescente em cima de mim me incomodou bastante durante a minha tentativa esforçada de me situar, tomar consciência de onde eu me encontrava e, ainda muito mais difícil, entender por que estava naquele lugar, naquele exato momento.

Eu notei em seguida que estava no quarto de um hospital e me lembrei perfeitamente dos motivos que haviam me levado até ali. Ainda totalmente imóvel e deitado na cama, movendo apenas os olhos para conferir as poucas coisas que eu podia captar naquela posição, eu me senti precipitadamente impulsionado a fazer uma rápida avaliação se valia ou não a pena ter criado e me envolvido em um projeto tão complexo, que tinha me levado até mesmo a entrar na faca.

Estava começando o pós-operatório de uma intervenção sob anestesia geral, em razão da expedição ao Polo Sul. Eu acordava de uma operação séria, consequência direta da minha ambição de tornar realidade um sonho pessoal.

Isso era lógico? Tinha sentido? Todo esse sacrifício era justificado pela realização de um projeto aventureiro? Eu havia seguido um bom caminho? Eu me arrependeria disso mais tarde? Alguém entenderia que eu fizesse essas coisas e, especialmente, estivesse disposto a apostar alto para ir até o fim?

Minha cabeça estava a mil por hora. Eu tinha a sensação de que aquele quarto de hospital do Vic[*] estava se transformando em uma caixa de experimentos em que eu havia despejado muitos pensamentos para analisar, em um tempo muito curto, todos os porquês que há muitos anos me impulsionavam a agir sempre em direção aos marcos mais emocionantes, mas também mais difíceis, desconfortáveis, incertos e arriscados, que eu poderia escolher em meu caminho pela vida.

Eu fui operado em virtude da expedição Polo Sul 1911-2011. Mas o mais engraçado é que a inter-

---

[*] Hospital Geral de Vic, Catalunha.

venção não foi *a posteriori*, não foi uma consequência de nenhum problema encontrado durante a aventura, mas foi motivada pela estratégia de sua preparação e gestão de riscos. A expedição, portanto, estava apenas começando naquele quarto 307.

Ainda faltavam dois meses para iniciar a travessia da Antártida. Aquela sensação de sede e boca seca, depois de uma anestesia geral, era apenas o resultado de uma ação preventiva, para preparar com mais garantias a empreitada que eu estava prestes a iniciar.

Acabaram de extrair meu apêndice. Eu não havia sofrido qualquer tipo de desconforto nem tinha nenhum precedente, nenhum sintoma que me fizesse antecipar um possível problema, mas tinha conhecimento, sim, de diferentes casos em que um alpinista ou expedicionário havia morrido de um ataque de apendicite em um lugar onde não podia ser facilmente resgatado. O caso que mais mexeu comigo, por se tratar de um alpinista que morava perto de mim, foi o do Manel de la Matta, no ano de 2004. Ao tentar escalar a rota Magic Line do K2, ele sofreu uma peritonite aguda, não pôde ser resgatado a tempo e morreu no Campo I, na colina Negrotto, a 6.400 metros.

Com minhas atividades em locais remotos e em situações muito extremas, e conhecendo alguns casos lamentáveis como o citado acima, fazia tempo que eu tinha a sensação de que isso era algo que, mais cedo ou mais tarde, eu deveria fazer.

Em nossa sociedade, é difícil imaginar que alguém morra de peritonite, já que sempre temos acesso a serviços médicos excelentes e próximos. Ainda assim, não muitos anos atrás, as pessoas ao nosso redor morriam por uma inflamação do apêndice não tratada a tempo, o que ainda é causa de morte em alguns países subdesenvolvidos. Os astronautas extraem o apêndice antes de iniciar uma missão. Também fazem isso muitos dos trabalhadores de plataformas petrolíferas e bases antárticas ou distantes, um grande número de navegantes transoceânicos, assim como muitos expedicionários acostumados a estar em lugares de difícil acesso, onde seria complicado receber assistência médica. Se, como no meu caso, você sabe que no lugar aonde você vai um resgate pode levar, em média, dois a quatro dias, e que, se por má sorte surgir um problema com essa protuberância inútil, o mais provável é que você bata as botas, você chega à conclusão de que talvez seja melhor agir antecipadamente e eliminar essa possibilidade pela raiz.

Frequentemente, nós, aventureiros ou praticantes de esportes radicais, somos considerados viciados em riscos. Os outros nos dizem que precisamos de emoções fortes, carregadas de adrenalina e que façam com que nos sintamos vivos, ainda que o preço que

VIVER PARA SENTIR-SE VIVO

devamos pagar por isso seja muito alto. Eu discordo absolutamente dessa atribuição e diria ainda que o que acontece é exatamente o contrário: nós, aventureiros, buscamos novos desafios, estamos dispostos e ansiosos para entrar em espaços que desconhecemos e que estão cheios de incertezas, queremos colocar as nossas capacidades à prova e ver até onde somos capazes de chegar com cada projeto, mas também amamos muito nossas vidas. Justamente porque a vivemos com tanta paixão, sempre buscamos um jeito de minimizar os riscos. G.K. Chesterton definia muito bem isso quando dizia que "a aventura pode ser louca, mas o aventureiro sempre deve ser prudente".

Pessoalmente, eu não gosto de riscos, mas tenho a sorte – ou a má sorte – de gostar de me propor a objetivos ambiciosos, seja no âmbito aventureiro, pessoal ou profissional, e não me contento em sonhar com essas metas sem levá-las adiante. Portanto, eu tenho plena consciência de que, se as pessoas querem fazer coisas que valham a pena, se querem ter objetivos interessantes e intensos, elas precisam necessariamente estar dispostas a assumir certos riscos durante a sua execução.

No entanto, nunca devemos confundir o risco com a imprudência. Imprudência é propor-se a avançar a qualquer custo, sem avaliar ou reconhecer os perigos reais, tomar decisões inconscientes e, por

ALBERT BOSCH

causa de tudo isso, estar constantemente exposto ao mais absoluto e perigoso dos fracassos. Em contrapartida, diferentemente da imprudência, o risco é um fator que deve ser administrado em todos os seus aspectos. Os aventureiros extremos e todos aqueles que enfrentam desafios importantes em qualquer nível sabem que o risco é um elemento que faz parte de seus projetos, e sabem que precisam encará-lo de frente para serem capazes de dominá-lo e avançar. Aceitar riscos requer muito esforço, o treinamento dos sentidos, a melhoria da capacidade de cada um para enfrentá-los e, acima de tudo, o desenvolvimento do hábito de desfrutar deles. Diz-se inclusive que o risco vicia, mas também não se trata de ser masoquista, e sim de aprender a lidar com ele e ser eficiente quanto às possibilidades de acertar ou errar em cada situação que se apresenta a nós.

Quando eu tirei o apêndice, como medida de prevenção antes da expedição à Antártida, eu estava administrando um dos possíveis riscos desse projeto. Por mais que isso possa parecer exagerado, estamos falando de situações que, quando se complicam, não costumam oferecer muitas alternativas ou oportunidades; um problema pode causar consequências tão graves como a perda da própria vida. São situações que definitivamente requerem um compromisso total daqueles que as protagonizam. Diante de um cenário em que, por mais que você tenha se preparado, sempre há muitas incertezas de todo tipo, transformar algumas situações em certas ou seguras evita muitas surpresas, ao passo que permite que você se sinta muito mais confiante quanto às suas possibilidades, e também convencido de ter feito o dever de casa e aplicado todas as formas de prevenção possíveis da sua parte.

Assim, terminei de me recuperar da anestesia, já me sentindo à vontade no quarto número 307, com a satisfação de ter feito o certo e de estar comprometido com o meu projeto, comigo mesmo. Eu estava completamente sozinho, deitado na cama do hospital, mas, ainda que não tivesse espelho algum por perto, eu podia imaginar perfeitamente a minha cara de felicidade, com um sorriso profundo por ter dado outro grande passo em direção ao ponto mais austral do nosso planeta. Eu ainda tinha à frente muitos obstáculos para superar, mas agora pelo menos sabia que não ia bater as botas por causa de um ataque de apendicite.

BLOCO DE NOTAS

- ✓ A ambição de transformar os sonhos pessoais em realidade sempre tem consequências.
- ✓ Nós que amamos a vida e a vivemos com paixão sempre tentamos minimizar os riscos que possam colocá-la em perigo.

Albert Bosch

✓ Não me contento em sonhar com objetivos ambiciosos e não realizá-los.

✓ Diante de uma perspectiva que apresenta muitas incertezas, temos que transformar em certas algumas situações que dependem apenas de nós mesmos.

✓ Se você quer fazer coisas que realmente valham a pena, você deverá necessariamente estar disposto a assumir certos riscos.

✓ Nunca se deve confundir o risco com a imprudência.

✓ A imprudência é absurda e louca. O risco é um fator que deve ser administrado.

CAPÍTULO 2
DO DESERTO DE AREIA AO DESERTO DE GELO

Nós, que estamos convencidos de que a vida é um grande projeto, que, por sua vez, é composto de muitos pequenos grandes projetos que nós mesmos vamos escolhendo em grande parte à medida que avançamos pelo caminho, precisamos estar sempre conectados com novos objetivos que tragam sentido e intensidade à nossa existência.

Eu sou de São João das Abadessas, um vilarejo localizado nas montanhas dos Pirineus Orientais. Há ali muita paixão pela montanha, e a maior parte dos jovens mantém uma conexão com ela de algum jeito. Mas, deixando de lado o montanhismo, o que eu gostava no meu povoado quando estava na fase entre a infância e a adolescência era jogar futebol e fazer motocross. Talvez, em parte, por tradição familiar, mas também porque eu era meio perna de pau no futebol, acabei criando preferência pela moto de montanha. Passei uma infinidade de horas, durante centenas de fins de semana, abduzido pela natureza verde dos arredores da comarca de Ripollès, praticando com a moto tão bem como podia, ou sabia.

Com o passar dos anos, fui mudando da categoria trial para a enduro, ou seja, provas de velocidade e regularidade com motos de montanha, para passar a competir mais pra frente nas corridas do campeonato da Catalunha e da Espanha de off-road e raids, que é uma modalidade parecida com o enduro, mas mais baseada na velocidade e nas grandes distâncias. No entanto, como jovem apaixonado por motos, pelo ar livre e por grandes desafios, meu verdadeiro sonho era poder algum dia participar do rali Dakar, a corrida de aventura por excelência.

Alguns bons resultados esportivos, muita experiência e uma oportunidade oferecida a mim em uma prova patrocinada por uma marca líder de motos e pela principal revista espanhola de motociclismo permitiram que em 1998, com trinta anos, eu realizasse aquele desejo da juventude e iniciasse uma grande prova africana.

VIVER PARA SENTIR-SE VIVO

Na etapa anterior ao dia de descanso, apenas na metade da corrida, eu fracassei desastrosamente. Um erro de pilotagem me fez bater em um monte de areia que era mais duro do que eu tinha imaginado, e a queda monumental resultou em uma fratura do pulso esquerdo. Abandonei meu grande sonho na metade do caminho. Com uma sensação de raiva, tristeza e decepção, mas também feliz por ter lutado por aquele projeto e participado dele, eu me despedi do Dakar com a promessa interior de tentar novamente. Pude voltar no ano seguinte, fazendo parte da mesma equipe, mas com um planejamento no qual o desejo já se complementava com a experiência, o que me permitia ser mais realista e confiar nas minhas possibilidades. Naquela ocasião, eu completei o desafio, e todo o aprendizado adquirido serviu para que eu voltasse outras seis vezes, com um total de oito participações, duas delas de moto, duas como copiloto de carro e quatro como piloto.

Cada edição dessa prova emblemática, que era algo entre uma corrida e uma aventura, me proporcionou muitas lições, mas dentre todas elas eu talvez destacaria a do ano 2000, quando eu decidi montar uma equipe para que o meu amigo, Pep Busquets, de quem fui copiloto, corresse. Pep também era de São João das Abadessas e, desde pequeno, destacou-se por um talento especial para os esportes de motores.

Como já disse, naquele povoado, quem não se dedicava ao futebol tinha muitas chances de passar para o trial, e Pep foi se tornando, com o passar dos anos, um excelente piloto de motos nessa modalidade. Quando ele havia acabado de fazer dezoito anos, mais precisamente quando a marca SWM, campeã do mundo de trial naquela época, acabava de contratá-lo como piloto oficial, ele sofreu um acidente de trânsito que o deixou com uma deficiência e preso a uma cadeira de rodas, sem mobilidade da cintura para baixo. Depois de todo o longo processo de hospitalização e recuperação, e uma vez organizadas as ideias na cabeça de um jovem dessa idade, em pleno auge esportivo, que tinha visto quase todas as suas motivações vitais arrancadas, ele voltou a se concentrar naquilo que mais amava na vida: o mundo dos motores. Ele trocou as máquinas de duas rodas por outras de quatro e abandonou os guidões para se tornar amigo íntimo dos volantes. E, com o tempo, ele também demonstrou um grande talento nas corridas off-road de carro e foi competindo em diferentes provas até obter vários títulos estaduais, tanto em campeonatos promocionais quanto no nível absoluto.

Sua paixão e determinação se uniram à minha experiência e vontade de continuar fazendo projetos interessantes relacionados ao Dakar. Aproveitando a nossa amizade, a vontade de seguir em frente que nós

VIVER PARA SENTIR-SE VIVO

dois compartilhávamos e o fato de que eu via em sua singularidade um fator muito atraente para a mídia, e, portanto, patrocinável, nós nos propusemos a correr juntos no Dakar, com o objetivo de que ele fosse o primeiro deficiente físico espanhol a participar do campeonato e de ser a primeira equipe conduzida apenas com as mãos a terminar a prova em toda a história dessa competição.

No final foi muito complicado, mas nós conseguimos. Fazendo parte de uma equipe francesa da Toyota, ganhamos a competição promocional dessa marca no Dakar e conquistamos um objetivo jamais antes alcançado por alguém nas condições de Pep. Eu aprendi com ele que, por mais complicadas que sejam as circunstâncias da nossa vida, se tivermos a atitude adequada, sempre poderemos ir atrás de nossos propósitos. Das muitas entrevistas que realizaram com Pep por causa do seu feito, eu me lembro especialmente de uma em cujo título destacaram uma frase que eu o ouvi dizer muitas vezes e que é toda uma lição de vida: "É a minha bunda que está presa na cadeira, não a cabeça."

Antes de conhecer o Dakar, eu via o esporte basicamente como uma competição que resultava de uma atividade pela qual eu era apaixonado e que me divertia muito. Ali, eu descobri outra vertente do âmbito esportivo que eu desconhecia: os grandes projetos, os desafios intensos, o conceito de "aventura".

Também descobri que, por mais que treinasse e me dedicasse, ainda que eu conseguisse alcançar um nível alto em determinada modalidade, como os raids, por exemplo, eu nunca chegaria a ser um grande campeão nem a ganhar a vida profissionalmente com os meus resultados em competição. Essa descoberta fez com que eu me distanciasse gradativamente do conceito de competição, para começar a me aproximar da filosofia da aventura. Eu comecei a deixar o cronômetro de lado para me tornar mais amigo da bússola. Eu entendi que os meus êxitos futuros não deveriam ser baseados em superar os demais, mas em superar a mim mesmo. Acabei percebendo o esporte mais como um meio para chegar ao meu verdadeiro propósito, que era a aventura. E, acima de tudo, me comprometi a ter sempre objetivos poderosos que me permitissem viver experiências intensas e interessantes em muitos dos lugares mais singulares do nosso planeta Terra.

Quando você descobre que, apesar de ter praticado um esporte com certa ambição, você não tem as habilidades necessárias para fazer parte da elite, você tem diferentes opções, que podem ir da frustração até o abandono do esporte (ou, pelo menos, do esporte de alto nível, para praticá-lo apenas como hobby), ou

VIVER PARA SENTIR-SE VIVO

você também pode aproveitar tudo o que aprendeu, tanto na vertente técnica quanto em atitudes ao longo da sua trajetória esportiva, e colocar isso a serviço de outros projetos. Como você pode imaginar, eu optei pela última opção e vi um lado muito positivo no fato de não poder ser um verdadeiro campeão em uma determinada modalidade. Dessa forma, eu não dedicaria grande parte da minha vida a uma modalidade esportiva exclusiva, o que me possibilitaria viver muitas outras experiências que, uma vez afastada a ambição de ser uma figura, sem dúvida me enriqueceriam muito mais. Misturando essa circunstância ao conceito de "aventura", abriu-se para mim um mundo imenso, que me permitia planejar os desafios que mais me interessassem e, ao mesmo tempo, viajar pelo mundo, realizando atividades que me permitiam viver intensamente a natureza, as paisagens, as culturas, os climas e tudo o que faz parte de um determinado ambiente. Tudo isso pode ser melhor apreciado quando, mais que apenas visitar, você vai viver uma experiência extrema, que lhe oferece uma imersão de uma maneira muito profunda. Depois da etapa do Dakar, eu me especializei muito mais em alpinismo e em corridas de longa distância, a pé ou em bicicletas, e também iniciei o projeto dos "7 Cumes", que me levaria a escalar os picos mais altos de cada continente. Nesse momento, eu já sabia que depois de cada projeto chegaria outro: pouco a pouco, aquilo deixava de ser uma mera paixão para se tornar um estilo de vida. E, quando você se vicia em idealizar e executar projetos especiais, acaba tendo sempre uma enorme lista de sonhos se acumulando na sua caixa de entrada. É preciso ser muito cuidadoso ao decidir quais dessas ideias você vai tentar colocar em prática, já que o tempo concedido a nós é sempre limitado, e o custo de cada oportunidade é muito alto quando falamos de bens tão valiosos como os nossos sonhos e o nosso tempo. No dia 3 de dezembro de 2009, às quatro da tarde, eu cheguei ao topo do monte Vinson, o ponto mais alto do continente antártico. Era o sétimo marco do desafio dos "7 Cumes", que me levara a escalar as montanhas mais altas de cada continente. Dali de cima, eu revisitava mentalmente as imagens únicas dos cumes anteriores, que eu trazia perfeitamente gravadas na minha retina. Esse projeto tinha me permitido contemplar a Terra dos pontos mais altos da África (Kilimanjaro, na Tanzânia), América do Sul (Aconcágua, na Argentina), América do Norte (monte McKinley, no Alasca), Europa (Elbrus, no Cáucaso russo), Oceania (Pirâmide Carstensz, na ilha de Papua) e, finalmente, a Antártida, onde me encontrava naquele momento. Mas, dali, eu também visualizava o cume seguinte na lista daquela empreitada, programada para a primavera

VIVER PARA SENTIR-SE VIVO

seguinte, e que me levaria ao ponto mais alto da Ásia e do mundo: o topo do Everest, a 8.848 metros. E logo, muito além da montanha mais alta do planeta, que era o próximo objetivo que já estava todo planejado, eu deixava minha imaginação correr solta para começar a sonhar e a organizar novas aventuras interessantes.

Naquela primeira expedição antártica, quando um dia em dezembro de 2009 me encontrava no cume do monte Vinson, vértice culminante daquela terra completamente perdida no ponto mais meridional do hemisfério sul, com a maior quantidade de água doce congelada do mundo aos meus pés, contemplando uma paisagem deserta e infinita de cor branca, e me sentindo completamente apaixonado por aquilo que estava contemplando e apreciando, vi claramente que o meu projeto seguinte deveria ser cruzar de ponta a ponta aquele continente gelado, desde a costa até o Polo Sul. Naquele exato momento e lugar, nasceu o embrião da expedição ao Polo Sul, que eu me pus a programar depois de conquistar o topo do Everest, prevista para a primavera do ano 2010.

Dias depois, quando tinha descido da montanha e me encontrava na base antártica de Patriot Hills, administrada pelos americanos e de onde tínhamos o apoio logístico para a expedição, uma sensação grandiosa de euforia me invadia. Por um lado, estava o prazer de ter alcançado o objetivo proposto; por outro, eu me sentia entusiasmado com aquele novo desafio que visualizava em meu interior.

Devido ao mau tempo, eu permaneci oito dias preso naquela base sem poder pegar o voo de volta a Punta Arenas, no Chile. E ali, eu tive muito tempo para começar a esboçar os principais pontos da aventura de cruzar a Antártida. Tanto é que, inclusive, eu e o meteorologista da base, Marc de Keyser, confessamos um ao outro nossas intenções de fazer a travessia do Polo Sul e estabelecemos um plano comum para que pudéssemos organizar juntos um projeto de grande magnitude. As ideias básicas estavam claras, mas a empreitada era muito ambiciosa. Concordamos em refletir bastante sobre o assunto e nos encontrarmos novamente quando eu tivesse voltado do Himalaia, até meados do ano seguinte, para ver se, definitivamente, decidíamos ou não começar a trabalhar a sério no projeto.

Durante meses, eu e Marc cruzamos informações e, inclusive, decidimos ampliar a equipe de expedicionários em mais duas pessoas, que complementavam em muito aquilo que queríamos fazer. Finalmente, no mês de julho de 2010, nós organizamos uma reunião de trabalho em Londres com os quatro sonhadores mais ou menos esperançosos: o belga Marc de Keyser, o sul-africano Greg Maud, o finlandês Jukka Viljanen e eu.

VIVER PARA SENTIR-SE VIVO

Um intenso trabalho durante todo o fim de semana na capital inglesa resultou em um plano de trabalho que nos comprometia a lutar para determinar se era ou não possível transformar o projeto em realidade. Tínhamos um assunto muito interessante em foco, planejado de um modo realmente inédito na história das expedições polares, mas que tinha o obstáculo de um orçamento altíssimo.

Poucas semanas mais tarde, eu me reuni em Ripollès com Carles Gel, outro alpinista com certa experiência em travessias polares de menor alcance e que também planejava cruzar a Antártida. Eu propus que trabalhássemos juntos no projeto, e que o fizéssemos de um modo muito autêntico e atraente: cruzar o território com total autossuficiência e apenas com os nossos recursos (sem balões ou velas, nem outro elemento externo de energia que nos ajudasse). O projeto que eu e Carles desenvolvemos também era muito interessante e tinha a vantagem de que, ainda que tivesse um orçamento significativo, era aproximadamente uma quarta parte do esboçado com os demais companheiros, por isso parecia mais factível encontrar patrocinadores. De qualquer forma, eu já estava comprometido com Marc, Greg e Jukka, então disse a Carles que a minha primeira opção seria a outra e que, só se não conseguíssemos o montante necessário, eu poderia acionar essa alternativa.

Concordamos que seguiríamos trabalhando nela paralelamente, como segunda opção, e que, em uma determinada data, se o outro projeto não estivesse consolidado, entraríamos de cabeça nesse.

Eu e os membros do Plano A trabalhamos com paixão e empenho para estruturar tudo e vender a ideia a possíveis patrocinadores importantes que tivessem perspectiva internacional, considerando a diversidade de nacionalidades dos integrantes da expedição. Iniciamos vários processos de comercialização e chegamos a fases avançadas de decisão, mas, no final, foram se acumulando negativas, uma após a outra, e os meses foram se passando sem resultados tangíveis. No mês de janeiro de 2011, o projeto foi muito bem recebido por uma empresa espanhola, líder no setor elétrico da Espanha e com forte presença na América do Sul. Nossas esperanças estavam lá no alto, e, depois de várias reuniões em Madrid com os mais altos responsáveis pelo marketing e pelos patrocínios da empresa, a proposta parecia estar praticamente fechada. Também estava tudo certo por parte da diretoria, mas, para ter a aprovação da presidência, era necessário um parecer positivo da agência de comunicação que os assessorava. Era a nossa última cartada, porque já não víamos a possibilidade de iniciar outro processo com uma nova empresa com datas tão apertadas, e o mês de março era o limite que havíamos estabelecido para descartar ou acionar o projeto.

No entanto, nós também tínhamos começado a abordar patrocinadores em potencial de outro perfil para o Plano B que eu e Carles havíamos desenhado, caso o primeiro plano fracassasse. Naquele momento, todas as partes estavam de acordo: Marc, Greg, Jukka e eu tínhamos definido que, se aquela empresa de energia não aprovasse o nosso orçamento, a proposta seria descartada, e eu tentaria colocar em prática a outra opção. Quanto a Carles e eu, estava claro para nós que o Plano A só dependia daquele parecer e que, caso a resposta fosse negativa e o plano não fosse para a frene, tentaríamos fechar nosso segundo plano.

Ao final de março, o diretor de patrocínios da empresa em questão nos avisou que, embora ele sentisse muito pessoalmente e estivesse completamente convencido de que teria sido um grande projeto, o parecer da agência de comunicação era negativo, e poderíamos descartar seu patrocínio nessa expedição. Depois de tantos meses de trabalho e tantos sonhos depositados nessa opção, a decepção foi enorme. Mas todos nós sabíamos onde estávamos entrando quando decidimos apostar nesse objetivo naquela reunião em Londres, oito meses antes.

Eu não me permiti ficar lamentando durante muito tempo, porque estava completamente decidido a ir à Antártida no final daquele ano e queria esgotar todas as opções. Logo em seguida, começamos a trabalhar para efetivar todas as alternativas viáveis que pudessem cobrir os gastos mínimos para o projeto que eu tinha com Carles. Agora, não havia mais nem Plano A nem Plano B, mas apenas um objetivo que desejávamos atingir a todo custo.

Carles tinha que cuidar da parte mais técnica e do material, enquanto eu, com o apoio indispensável do meu agente Oliver Vallès, enfrentaria especificamente a questão econômica. Correndo muito e trabalhando como loucos durante muitos meses, no final de agosto, percebemos que tínhamos um mínimo bem básico já garantido e condições de decidir, definitivamente, enfrentar o desafio, ainda que tivéssemos muito trabalho a ser feito e certa parte do orçamento para cobrir.

Depois de mais de cem reuniões para apresentar e negociar o patrocínio, umas setenta para trabalhar, um monte de horas de cada integrante da equipe dedicadas ao seu preparo e vários aborrecimentos, sustos, tensões e incertezas, no dia 4 de outubro de 2011 apresentamos à imprensa de Barcelona a expedição Polo Sul 1911-2011, duas semanas antes de voar para o Chile para iniciar a aventura.

Aquele dia foi o pontapé inicial da execução e da parte esportiva do projeto, mas já estávamos trabalhando nele há mais de quinze meses. Havia um total de sete pessoas envolvidas, com mais ou menos dedicação, durante mais de um ano, no plano de trabalho estabelecido. Ainda assim, faltava muito a ser feito por parte de todos até o possível término da expedição, previsto para o final de dezembro. No total, foi um ano e meio de muito trabalho, nem sempre completamente visível, para poder tornar realidade aquele objetivo estabelecido muito tempo antes, no cume mais alto da Antártida.

Organizar uma aventura polar de tal magnitude é uma tarefa realmente complicada. Para ter uma ideia, se você quer escalar um cume de 8.000 metros, é possível encontrar muita gente com experiência para ajudá-lo, e você pode adquirir todo o material necessário para enfrentar a mais difícil das montanhas em qualquer loja especializada. Mas, se você quiser cruzar a Antártida, você vai encontrar muito pouca gente que entenda do assunto e que já tenha feito algo similar. Para encontrar o material adequado, você deve se informar por meios muito diversos e, ao mesmo tempo, fazer uma busca pelo mundo inteiro para encontrar cada elemento necessário. Evidentemente, a experiência que acumulamos de eventos anteriores é de grande utilidade no preparo de cada novo desafio, mas "aventura" significa, precisamente, adentrar espaços físicos ou mentais que não são completamente conhecidos sem, portanto, ser especialista em cada cenário ou cada determinado tipo de atividade. Por isso, muitos pontos principais que devem ser preparados constituem uma verdadeira corrida de obstáculos, que põe à prova constantemente cada um dos integrantes da equipe.

Como encontrar o seguro exigido pela base antártica que nos dê apoio logístico e que cubra, até um valor de trezentos mil dólares, cada membro da equipe, se precisarmos de um resgate? Como dispor do trenó adequado para essa travessia? Como calcular a comida, o combustível, as reposições e o resto do material para permanecer entre 45 e 60 dias em total autossuficiência? Como solucionar o problema tecnológico no que se refere aos meios de comunicação, peso e carregamento de energia? Como encontrar mapas confiáveis para a rota prevista? Como firmar acordos prévios com os meios de comunicação para conseguir uma cobertura informativa mínima que garantisse um resultado para os patrocinadores? Como transportar todo o material até Punta Arenas, no Chile, no prazo adequado e a um custo acessível? Como organizar a logística dos transportes pela Antártida com garantia suficiente? Como conseguir todas as autorizações necessárias? Essa lista de perguntas

VIVER PARA SENTIR-SE VIVO

pode ser tão grande quanto o seu desejo de escrevê-la, e no fim das contas pode fazer com que você quebra a cabeça ou causar uma tremenda complicação quando se trata de conseguir soluções com um mínimo de garantias organizacionais.

Planejar uma aventura e colocá-la em prática não envolve apenas o aspecto esportivo ou de realização. As fases anterior e posterior são tão complexas que, na verdade, equivalem a traçar um plano de negócios: buscar o financiamento vendendo o projeto aos possíveis patrocinadores; estabelecer um plano de comunicação ambicioso e que compense o grande investimento no projeto; gerenciar a logística necessária; criar e organizar a equipe de trabalho; ter um plano de contingência, de seguro e de evacuação, caso surjam problemas; procurar o material técnico e tecnológico necessário, e também, logicamente, fazer uma preparação física, técnica e mental para poder enfrentar o desafio. Eu acredito que, na maioria dos projetos da vida, o trabalho é mais importante do que o talento. Eu não sou um esportista com algum talento singular para as modalidades que pratico, como o alpinismo, as maratonas de longa distância, corrida a pé e de bicicleta, esqui de montanha ou outros esportes mais ou menos extremos e exigentes, sempre relacionados a atividades de resistência em um ambiente natural. Contudo, apesar das minhas limitações, eu me comprometo ao máximo com os projetos que me proponho a realizar e maximizo as minhas habilidades, tanto na parte física e mental como, sobretudo, em todos os aspectos da organização e gestão do projeto.

Às vezes, alguns esportistas se oferecem para participar comigo em algum projeto específico, e eu sempre insisto em dizer que isso não é como se inscrever em uma maratona, em que a única obrigação é manter a disciplina necessária para treinar o físico e controlar um pouco a parte mental, já que a partir daí só é necessário pagar a taxa de inscrição na corrida, e tudo está pronto para começar a correr. Quando você se joga em uma aventura, esse treinamento é apenas um ponto de partida e uma mínima parte do enredo como um todo.

Há pouco tempo, um garoto que eu conheço, que dispõe de um excelente preparo físico e mental, me disse depois de uma palestra que eu dei em seu clube de alpinismo que tinha ficado sabendo da minha intenção de fazer uma travessia completa no Polo Norte, partindo do Canadá, e que gostaria de ser levado em consideração como um possível companheiro de expedição. Não é a primeira vez que me fazem uma proposta assim, e eu já tenho respostas elegantes para me esquivar do assunto, pois escolher um companheiro para aventuras como essa é sempre

VIVER PARA SENTIR-SE VIVO

um tema muito delicado e arriscado. Mas internamente eu pensava que, ainda que não estivesse duvidando da sua capacidade, sobram esportistas preparados para assumir desafios impressionantes, mas, em contrapartida, faltam expedicionários ou aventureiros com uma clara mentalidade empreendedora de projetos, que se comprometam com todo o processo de forma séria e eficiente. Se eu colocar um anúncio procurando um companheiro com quem cruzar o Ártico, receberei centenas de candidaturas muito boas. Mas, se eu fizesse um buscando um companheiro que esteja disposto a bater na porta de muitas empresas, gerenciar uma estratégia de comunicação e trabalhar perdendo várias horas de sono para organizar o projeto durante um ou dois anos, exigindo confiabilidade no processo e a segurança de que ele não vá se render durante o caminho, então eu já não encontraria tantos candidatos. E, se, além disso, eu contasse que os riscos de vida são muito altos, talvez nem receberia mais tantas propostas.

Muitas vezes eu me pego pensando que nós supervalorizamos os sonhos e menosprezamos os projetos. Na nossa vida, é lindo, interessante, gratificante e até mesmo necessário ter sonhos, visto que eles são o alimento dos nossos desejos, que, por sua vez, são o que dá energia e motivação a qualquer pessoa para fazer algo; mas, em última instância, o que conta nem sempre é essa capacidade de ter um sonho, mas os projetos que acionamos para torná-lo realidade.

É bom que tenhamos uma "lista" de ideias ou desejos, mas devemos tomar cuidado para que eles não se tornem uma fonte de frustração em nosso equilíbrio vital. Somente se, de vez em quando, escolhermos um desses sonhos — um que nos pareça realmente importante para a nossa vida e que queiramos que seja uma parte real do nosso caminho — e o colocarmos na lista de projetos a serem realizados, para que nos comprometamos a fundo com ele e lutemos com unhas e dentes para colocá-lo em prática, teremos a possibilidade de acabar realizando esse sonho. Pensar é necessário, mas é de graça. Planejar requer mais esforço, mas sempre podemos fazer ajustes. O que conta de verdade é a ação. É aí que tudo se decide. Se ficarmos apenas na terra dos sonhos, pensamentos ou planos, e não agirmos, estaremos sempre vivendo no modo condicional. Devemos ter muito cuidado com expressões como: "Eu gostaria...", "Eu queria...", "Se eu pudesse...", "Se um dia eu tiver tempo..." etc, pois, sem perceber, passaremos diretamente para outras que vêm em seguida e dizem: "Agora não dá mais...", "Eu sempre tive frustração por não ter feito...", "Eu teria gostado..." etc.

VIVER PARA SENTIR-SE VIVO

Acionar um projeto é o primeiro passo para tornar qualquer desejo realidade. Significa passar da ideia ao objetivo, do desejo para a experiência. Mas também significa começar a assumir riscos e entender que as coisas podem dar certo ou não. Colocar realmente mãos à obra em direção a uma determinada meta nos abre muitas oportunidades e, no mínimo, nos distancia do pior dos fracassos: nem ao menos ter tentado.

O fato de nos colocarmos em direção a um determinado objetivo importante para a nossa vida não significa ter todas as garantias de sucesso, mas isso é o de menos. O que importa de verdade é que isso nos conecta ao que queremos fazer, nos permite reconhecer que somos capazes de lutar pelos nossos desejos, nos torna conscientes de que já não somos meros espectadores de nossa vida e que adotamos o papel de roteiristas, diretores e protagonistas do nosso próprio filme. Devemos procurar não deixar que os sonhos nos dominem a ponto de que cheguemos a nos perder nesse mundo de desejos romantizados que só existem na nossa imaginação. Não podemos deixar de realmente viver nossos projetos para viver em uma realidade paralela ou distante do que, teoricamente, desejamos.

O momento mais importante de qualquer aventura não é quando alcançamos o objetivo, nem quando conseguimos o financiamento para sua realização, nem quando a iniciamos. O momento-chave é sempre que escolhemos um determinado sonho, o colocamos na categoria de projeto, e nos comprometemos de corpo e alma a concretizá-lo. É nesse ponto que nasce, de verdade, a aventura.

Com muita frequência pensamos que, quando não temos condições especiais ou determinadas circunstâncias, não podemos nos permitir pensar em tornar certos sonhos realidade. Quantas vezes já pensamos que somos apenas pessoas normais, com um certo trabalho, algumas responsabilidades específicas, um campo de atuação mais ou menos claro, e que só podemos planejar fazer coisas na vida que se encaixem nesses parâmetros? Se conseguirmos realmente pensar nas coisas pelas quais somos apaixonados e estivermos dispostos a lutar pela sua realização, nosso campo de atuação pode se ampliar tanto quando quisermos. Qualquer pessoa pode tornar a maioria dos seus projetos realidade se adotar uma atitude geral de compromisso e ação em todas as áreas necessárias, bem como se empenhar a fundo neles.

A vida é uma aventura apaixonante. E essa aventura deve ser vivida de uma forma proativa e em primeira pessoa. Mas, como sempre, não recebemos

VIVER PARA SENTIR-SE VIVO

nada "de mão beijada", e somos nós que devemos dar o primeiro passo, convencidos de que faremos o possível para dar também o segundo e quantos mais forem necessários.

O que sonhei naquele 3 de dezembro de 2009 no topo do monte Vinson era apenas um desejo que poderia ser ou não o embrião de um projeto. O que realmente contava surgiu na primeira reunião de trabalho, em Londres, depois de ter decidido que sim, eu queria lutar por esse projeto com todas as minhas forças.

Vamos pegar um papel em branco para começar a anotar a lista de coisas que devem ser realizadas e o calendário de ações necessárias para tornar realidade esse sonho, ao qual não estamos dispostos a renunciar de forma alguma durante nossa vida. Em qualquer âmbito que seja, indiferentemente das nossas circunstâncias em um determinado momento, vamos começar a escrever, a pensar com a intenção de agir, a elaborar um plano e a dar os passos necessários para que ele se torne realidade. O futuro sempre chega, e depende de nós que ele se aproxime nos permitindo viver o que havíamos pensado ou que simplesmente nos ofereça o necessário, sem que tenhamos feito ou dito algo, sem que tenha algo a ver com o que algum dia tínhamos imaginado ou desejado que acontecesse.

Sempre devemos perguntar a nós mesmos se o que estamos fazendo hoje nos levará ao lugar onde realmente queremos estar amanhã.

BLOCO DE NOTAS

- ✓ A vida é um grande projeto composto de muitos projetos menores, que vamos escolhendo por conta própria enquanto fazemos o nosso caminho.
- ✓ Precisamos estar sempre conectados com novos objetivos que encham a nossa existência de sentido e intensidade.
- ✓ Por mais difíceis que sejam as circunstâncias, se tivermos a atitude adequada, sempre poderemos avançar em direção aos nossos propósitos.
- ✓ Comece a dispensar o cronômetro e torne-se mais amigo da bússola.
- ✓ Meus êxitos futuros não deveriam ser baseados em superar os outros, mas em superar a mim mesmo.
- ✓ Eu vejo o esporte como um meio para conseguir a minha verdadeira finalidade: a aventura.
- ✓ Sou viciado em ter sempre grandes objetivos que me permitam viver experiências intensas.
- ✓ Devemos escolher muito bem os projetos, porque o custo da oportunidade é muito alto quando falamos de bens tão valiosos como os nossos desejos e o nosso tempo.
- ✓ Às vezes não há um Plano A ou um Plano B, e tudo se concentra no único objetivo possível.

Viver para sentir-se vivo

✓ Aventura significa entrar em espaços físicos ou mentais que não conhecemos totalmente.

✓ Uma aventura é muito mais do que um esporte; é um projeto global que se assemelha a um plano de negócios.

✓ Na maioria dos projetos, o trabalho é mais importante do que o talento.

✓ Em cada projeto, eu levo muito em consideração as habilidades físicas e mentais, e, sobretudo, os aspectos de organização e gestão do projeto.

✓ Frequentemente supervalorizamos os sonhos e menosprezamos os projetos.

✓ Se ficarmos apenas no campo dos sonhos e não agirmos, viveremos sempre no condicional.

✓ Somos os responsáveis por fazer que as coisas aconteçam.

✓ Acionar um plano de trabalho nos distancia do pior dos fracassos, que é nem sequer ter tentado.

✓ O momento mais importante de qualquer aventura é quando passamos da lista de sonhos para a de projetos.

✓ A vida é uma aventura apaixonante que exige ser vivida de modo proativo e em primeira pessoa.

CAPÍTULO 3
Salão do Espírito e Tempo

O futuro sempre chega. Na maioria das vezes, não temos muita consciência dele nem o apreciamos, porque ele chega silenciosamente, sem que ocorra nada de especial ou sem que aconteça o que esperávamos, o que tínhamos previsto ou provocado. Mas, de vez em quando, ele chega de modo notório, porque preparou para nós uma surpresa monumental na forma de um acontecimento positivo ou negativo, ou porque acontece, precisamente, aquilo que tínhamos buscado ou pelo que estávamos lutando há muito tempo.

Aquele 18 de outubro de 2011 foi um desses dias notórios, desejados e previstos. Um desses momentos nos quais você tem consciência de que está sendo conectado ao seu próprio futuro, se você realmente aplica vontade e trabalho para que assim seja. Um desses momentos nos quais parece que tudo na vida faz sentido. Já vale a pena ter chegado neste mundo a passeio como um turista de uma temporada apenas para experimentar essa sensação.

Naquela terça, nos encontramos com Carles e algumas pessoas bem próximas, que haviam comparecido ao aeroporto de Barcelona para se despedirem de nós, onde pegaríamos o voo para o Chile, iniciando assim uma das aventuras mais importantes das nossas vidas. Independentemente de termos vivido situações parecidas no passado ou de essa ser a primeira vez que passamos por isso, o mais importante é sempre maximizar a consciência do presente. Com bastante frequência, deixamos que os instantes mais especiais da nossa vida passem sem aproveitarmos o suficiente o momento preciso, e só lhes damos valor por inteiro na fase de desejo prévio ou de memória posterior.

A experiência nos ensina muitas coisas. O fato de ter nas costas uma longa trajetória na gestão de momentos especiais em relação às intensas aventuras vividas durante muitos anos me proporcionou muitas lições. Uma das que eu destacaria é que, quando você relembra os momentos realmente intensos que viveu em um determinado projeto, o pior é perceber que você não estava verdadeiramente consciente deles ou que você não os desfrutou o bastante enquanto estavam acontecendo.

VIVER PARA SENTIR-SE VIVO

Eu já comentei que não me considero possuidor de nenhum talento especial, mas, se eu tivesse que destacar alguma habilidade minha, ou se existe algo pelo que eu treinei, me esforcei, trabalhei e que tentei tornar parte das minhas principais qualidades, é exatamente o dom de ser consciente e saber apreciar o valor de cada instante.

O início de uma determinada aventura é um desses momentos tão valiosos que, quase sempre, pela própria inércia e euforia dos acontecimentos, são tratados como normais, quando, no fundo, essa é uma das sensações mais especiais que podemos experimentar. Então, o trabalho realizado durante muito tempo para tornar realidade alguns desejos específicos dá frutos. É um momento mágico, que deveria ser colocado no mesmo nível ou categoria do possível objetivo final que planejamos para aquela empreitada.

Pessoalmente, quando eu dou o primeiro passo em direção a uma determinada aventura, aproveito a viagem ou o tempo que eu levo entre a saída de casa e o início efetivo da atividade para refletir profundamente sobre o sentido do objetivo ao qual estou me dirigindo. Citando a série de desenhos animados *Dragon ball*, pela qual meus filhos são apaixonados, eu poderia afirmar que o espaço entre a porta da minha casa e o início, sobre o terreno da aventura correspondente, é o meu Salão do Espírito e Tempo particular. No desenho, trata-se de uma sala toda branca onde o tempo não passa, local em que Son Goku, protagonista da história, treina e toma consciência de si mesmo antes de qualquer combate.

A aventura que eu estava iniciando naquele momento não era mais uma na minha vida, mas se tratava provavelmente do desafio mais importante e de amplo alcance que eu teria realizado até aquele momento, e, talvez, que eu realizaria na minha vida inteira. Mas, se a expedição ao Polo Sul era uma empreitada do nível mais alto na minha vida, o seu Salão do Espírito e Tempo devia estar à altura. E, felizmente, esse espaço de reflexão e treinamento prévio pôde ser bem extenso.

Nós acreditávamos que os obstáculos dessa travessia extrema começariam quando chegássemos à Antártida, mas pelo visto alguém tinha planejado um aquecimento bastante complexo para que já estivéssemos acostumados quando chegássemos à trincheira de fato. No fim, todo o plano de viagem atrasou, e nós tivemos vários dias extras, que me permitiram pensar mais do que nunca nos motivos do meu objetivo.

PRIMEIRO CONTRATEMPO

Pequeno, mas incômodo, no fim das contas: quando chegamos ao aeroporto de Santiago do Chile, na manhã do dia 19 de outubro, encontramos algumas das nossas malas separadas, na esteira de saída das bagagens, rodeadas por alguns cães que farejavam obstinadamente um dos pacotes que faziam parte dos nossos equipamentos. Levávamos ali cerca de 70% dos nossos embutidos, embalados a vácuo, e que por motivos de logística não conseguimos colocar na caixa que tínhamos despachado como carga semanas antes. No Chile, não é permitido entrar com alimentos frescos de origem vegetal ou animal. Apesar de sabermos disso, entendíamos que o destino deles não era o Chile; eles estavam apenas de passagem por lá, no caminho até a Antártida. Nós queríamos tentar passá-los, visto que eles tinham sido fornecidos por um patrocinador. Resultado: dois terços dos nossos fabulosos embutidos foram parar no triturador de alimentos da aduaneira do aeroporto, resultando no nosso sentimento de impotência e tristeza por perder uma mercadoria tão gostosa. Felizmente, o resto do nosso "contrabando" estava repartido entre os outros pacotes, e os cachorros, talvez cheios de tanto farejar salsichões e presuntos dos bons, não conseguiram detectá-lo, e nós conseguimos aproveitá-lo.

SEGUNDO CONTRATEMPO

Quando chegamos a Punta Arenas, o responsável pela agência de transportes contratada nos comunicou que o material que havíamos despachado como carga várias semanas antes, e cuja chegada estava prevista para sete dias antes, ainda não havia sido recebido. Isso significava um grave contratempo, pois tínhamos programado o voo para a Antártida para dois dias depois. Se a caixa não chegasse, nós nos encontraríamos em uma situação extremamente conflituosa e que poderia, inclusive, pôr em perigo toda a expedição. O pior era que eles não tinham o menor controle sobre a situação exata do nosso equipamento. Ao que parecia, os pacotes de determinadas dimensões eram transportados de caminhão da capital do Chile até Punta Arenas, o que nós já sabíamos e nos levou a antecipar em muito o envio. No entanto, havia acontecido uma coisa totalmente inesperada: o vulcão Caulle tinha entrado em erupção alguns dias antes, e o fenômeno, com sua densa fumaça e as cinzas espalhadas por todos os lados, estava afetando tanto a navegação aérea da região quanto, e acima de tudo, a circulação por uma determinada passagem de montanha que era essencial para a rota do nosso caminhão. Resultado: não tínhamos o material essencial para a travessia nem sabíamos onde ele estava ou quanto demoraria para chegar. Finalmente, ele demorou seis dias a mais, o que teria sido um desastre total para a combinação com o voo que devia nos levar à Antártida, se não tivesse acontecido a terceira surpresa...

TERCEIRO CONTRATEMPO

O voo antártico atrasou oito dias. Para voar para a Antártida, é preciso que haja condições climáticas adequadas. O avião que faz o trajeto é uma lata velha enorme, um modelo russo chamado Ilyushin, tripulado por pilotos ex-militares do exército russo, que decola de Punta Arenas no asfalto habitual e aterrissa em uma pista de oito quilômetros de gelo puro. A operação de aterrissagem é muito delicada, e requer que o vento seja praticamente nulo e que a visibilidade seja perfeita, porque os pilotos fazem a manobra completamente a olho, e qualquer movimento brusco poderia causar um acidente gravíssimo. Eu havia tomado aquele avião pela primeira vez dois anos antes, durante a minha primeira visita ao continente gelado para escalar o monte Vinson, e entendia a importância de que as condições fossem perfeitas. De fato, eu posso afirmar que fiquei realmente impressionado e, por que não dizer, também assustado quando nos aproximamos da terra. Sendo um avião de carga, o Ilyushin não tem janelas, e, ao chegar, o passageiro não consegue ver nada. Eu também posso dizer que aquela foi uma das aterrissagens mais suaves que eu já fiz na vida; só percebi o contato com a terra, ou melhor, nesse caso, com o gelo. Por isso, não sentia tensão no momento; quando comentei com o diretor da base de destino a minha surpresa pela suavidade da aterrissagem, ele me respondeu com uma dessas frases difíceis de esquecer: "É que uma aterrissagem nessas condições ou é suave ou não." Opa...

ÀS ADVERSIDADES, UM SORRISO NO ROSTO

Assim, por culpa do mau tempo que fazia tanto no estreito de Magalhães quanto no continente antártico, passamos longos e tranquilos oito dias na bela, mas nem por isso menos entediante, cidade austral de Punta Arenas. Como ocorre em *Dragon ball* com o seu Salão do Espírito e Tempo, aqui também parecia que o tempo não passava, e isso não era exatamente uma boa notícia. A demora afetava tanto o calendário geral previsto para a expedição quanto o nosso objetivo inicial de tentar chegar ao Polo Sul no dia 14 de dezembro, coincidindo com a data do centenário da chegada do norueguês Roald Amundsen, que foi, junto de outros quatro companheiros, o primeiro homem na história da Terra a chegar ao Polo Sul.

Mas esse atraso, como sempre acontece com os problemas que encontramos pelo caminho, também tinha importantes fatores positivos que não devíamos desprezar.

Por um lado, ele nos permitiu esperar tempo suficiente para receber nosso material essencial, enviado como carga. Ainda sobraram dias para retirá-lo com tranquilidade, classificá-lo e empacotá-lo bem novamente, para o voo antártico.

Por outro lado, pudemos fazer as últimas compras dos pequenos detalhes que faltavam e, em especial, repor os embutidos que a aduaneira de entrada no Chile tinha confiscado.

Uma terceira vantagem foi que tivemos a oportunidade de degustar intensamente toda a gastronomia de Punta Arenas, e digo "intensamente" porque uma das nossas obrigações era engordar tanto quanto conseguíssemos antes do início da expedição, para acumular o máximo de gordura em nosso organismo e enfrentar o desgaste de uma travessia tão longa. Eu tenho um porte físico magro e, ainda que tivesse passado quatro meses comendo tudo o que podia e selecionando exatamente todos os artefatos menos aconselháveis para manter uma dieta saudável e rápida que permitisse manter a forma, só tinha conseguido engordar 2,5 quilos a mais do que o meu peso normal. Ali, imobilizados na cidade mais austral do Chile, com a inatividade própria da situação somada à fartura que devorávamos dia após dia, com certeza conseguiríamos ganhar aqueles quilos a mais pelos quais seríamos tão agradecidos nas duras jornadas que nos esperavam sobre o gelo.

Não podemos dizer que se come mal em Punta Arenas, porque, por ser uma região bastante turística no verão, lá tem vários restaurantes interessantes. Mas também não caberia afirmar que seja uma região especialmente rica no aspecto gastronômico; depois de alguns dias degustando a escassa variedade culinária da cidade, o que nós não dispensávamos eram uns hambúrgueres fantásticos que preparavam em alguns restaurantes do centro. Eu creio que posso afirmar que quase ficamos viciados em um tipo de hambúrguer, já que a partir do quinto dia tanto Carles quanto eu já nem perguntávamos mais aonde íamos jantar ou almoçar, mas nos dirigíamos, quase automaticamente, até o lugar onde preparavam aquela obra de arte de vitela com cebola e queijo, ou com abacate e tomate. Como era delicioso! E como descia redondo aquela cerveja gelada que tomávamos para acompanhar. Semanas mais tarde, quando eu estava completamente sozinho e morrendo de fome em plena Antártida, cheguei a ficar obcecado com aqueles hambúrgueres, que viraram um dos principais símbolos do almejado final da minha aventura. Eu quase podia afirmar que, se um burro se move e avança atraído por uma cenoura, e um galgo faz a mesma coisa quando vê uma lebre, aquele pobre ser humano que avançava tão somente a passos de tartaruga pelo gelo infinito o fazia pela imagem mental de um hambúrguer com abacate, cuja privação me causava uma grave síndrome de abstinência.

A quarta vantagem foi poder relaxar de uma forma tremendamente produtiva. Aqueles dias que ficamos ancorados em Punta Arenas, durante os quais não podíamos sair da cidade em razão da espera de que o tempo melhorasse e surgisse a possibilidade de embarcar, acabamos adquirindo uma rotina muito agradável para mim, pois nos dedicávamos a passear, comer, preparar alguma coisa do material e passar um bom tempo na internet. Evidentemente, eu estava impaciente para que as circunstâncias mudassem e nos permitissem decolar naquele avião russo, mas, por outro lado, eu também me sentia muito confortável e tranquilo. Além de me empanturrar de hambúrgueres, eu trabalhei e interiorizei profundamente o objetivo do projeto que eu me dispunha a enfrentar.

O PORQUÊ DO OBJETIVO

Se existe uma coisa certa, é que, em qualquer aventura, desafio ou projeto interessante que planejemos na vida, cedo ou tarde vamos nos deparar com obstáculos, situações críticas, perigos e dificuldades de todos os tipos. Para poder superar tudo isso, é fundamental ter pensado, estabelecido e pesado bem o objetivo ao qual nos propusemos. Isso é algo que todo mundo sabe, pelo menos teoricamente, mas o curioso é que, muito frequentemente, o assunto é tratado de maneira bastante superficial ou trabalhado apenas parcialmente.

Uma longa e densa trajetória em desafios extremos me permitiu chegar à simples, mas importantíssima, conclusão de que temos que trabalhar muito bem o porquê do objetivo como um fator absolutamente essencial para que possamos embarcar com garantias de êxito em qualquer projeto.

Em atividades extremas desse tipo, sempre se fala de superação, tenacidade, perseverança, ambição, gestão de momentos críticos, decisões-chave etc., mas esses elementos não podem ser comprados em uma loja, nem acredito que sejam um talento inato ou algo exclusivo de um determinado tipo de pessoa ou caráter. Todos esses fatores estão à disposição de qualquer pessoa, mas dependem basicamente de outro elemento importante para que sejam despertados: a motivação.

E a motivação significa ter "motivos para a ação". Por isso, se você tiver motivos muito claros, poderá agir com grande convicção e confiança, pois você saberá que, quando for necessário, poderá contar quase sempre com os fatores-chave que mencionamos antes. E os motivos acabam respondendo à pergunta de "por que" queremos ou precisamos fazer alguma coisa, que importância isso terá para nós e que transcendência terá em nossa vida.

Normalmente, quando falamos do objetivo, costumamos nos referir ao "que" e ao "como" dele, mas, na realidade, essas não são as partes mais importantes do processo. Lógico que devemos definir claramente o objetivo proposto (o QUE), bem como qual será a estratégia e a tática para enfrentá-lo (o COMO), mas esses dois conceitos são relativamente simples de trabalhar. Saber aonde se deseja chegar ou qual resultado será o marco final significa apenas ter ideias minimamente claras e definidas sobre o projeto. Pensar no modo de realizá-lo requer, basicamente, muito trabalho de busca de informações e de assessoria, e a partir daí tentar acertar nas decisões que devem ser tomadas.

Em contrapartida, poucas vezes nos concentramos em determinar qual é o verdadeiro motivo que nos impulsiona na direção de um determinado objetivo (o PORQUÊ). Esse ponto será fundamental em todas as fases de cada projeto e especialmente determinante nos momentos mais críticos.

Da minha parte, se eu tenho claro o meu objetivo, se eu sigo em direção a ele com paixão e sei perfeitamente por que eu quero chegar a ele, então eu me torno realmente muito ambicioso. Mas, quando não é assim, eu me sinto muito fraco e sem aquelas qualidades teóricas de tenacidade e perseverança.

Se o assunto for escalar o Everest, terminar uma ultramaratona no Amazonas ou cruzar a Antártida sozinho, eu sou fera; é muito difícil que eu me renda, e eu supero muitos dos obstáculos, geralmente extremamente complicados, que encontro pelo caminho. Eu me sinto forte e confiante, porque estou realmente motivado e conheço com clareza os motivos que me levam a fazer aquilo. Em contrapartida, se o assunto for realizar alguma tarefa ou projeto em que o meu "porquê" seja muito fraco ou não tenha sido trabalhado o bastante, ou que não seja prioridade para mim, eu viro a pessoa mais preguiçosa, menos predisposta e menos esforçada do mundo.

Todos nós podemos lutar com unhas e dentes em qualquer projeto, se tivermos bem definido por que queremos realizá-lo, e todos somos fracos quando isso não está claro.

Se o nosso "porquê" for bem forte, os obstáculos sempre serão menores do que o nosso motivo, e a todo momento buscaremos um modo de nos esquivar deles, afastá-los do caminho ou superá-los. Se o nosso "porquê" for frágil, os obstáculos serão sempre maiores do que os nossos motivos, e dificilmente alcançaremos a nossa meta.

Viver para sentir-se vivo

Se as razões para executar qualquer determinada ação forem superficiais, raramente vamos nos comprometer a fundo e poucas vezes seremos capazes de superar os momentos complexos, críticos ou realmente arriscados que encontraremos no caminho. Por outro lado, se as razões forem bem fortes e fizerem parte essencial do nosso projeto de vida no momento, teremos uma força e uma energia descomunais para superar qualquer percalço.

Se você tiver pressa e fizer as coisas apenas por capricho, para se divertir ou conseguir passar uma determinada imagem, será pouco provável que você leve adiante projetos verdadeiramente especiais ou interessantes na vida. Mas, se o que você pretende é ir mais longe, e não mais rápido, se você leva adiante um determinado projeto porque ele responde a uma prioridade vital, se você vê um sentido total no projeto, tendo-o assim interiorizado e assumido, sempre será possível elaborar projetos de grande escala.

Para aqueles como nós que se dedicam a assumir desafios extremos ou de aventura, é essencial esclarecer os motivos básicos de cada projeto, porque precisamos em absoluto dessa força e dessa convicção; seria bobagem querer realizar uma atividade que apresenta sérios riscos de vida sem saber de verdade por que vamos corrê-los.

Aqueles dias de descanso forçado em Punta Arenas nos permitiram repassar e consolidar novamente todos esses fatores fundamentais do objetivo que havíamos estabelecido. Esses momentos de reflexão profunda sobre tais assuntos me foram de grande utilidade para reforçar ao máximo as minhas habilidades e minha vontade de uma forma que me permitiu enfrentar todas as incertezas que me aguardavam no gelo. Mais à frente, em muitos momentos críticos que me espreitavam naquele futuro gélido, tive que utilizar várias vezes recursos e o compromisso que eu deveria ter tão bem trabalhados em relação a esse assunto.

Se eu tivesse que resumir isso em apenas uma frase, eu diria que a aventura como filosofia de vida é para mim um modo de experimentar a existência e o mundo de um modo intenso e interessante. A compreensão de que tudo isso faz parte de um dos motivos fundamentais na minha trajetória de vida me esclarece muitas coisas na escolha desses objetivos e me conecta com uma poderosa energia que me permite enfrentá-los. No fim das contas, aplicando isso a aventuras como a que eu estava me propondo a realizar, eu tenho como base quatro "porquês" principais, que explicarei em seus títulos e dos quais podem se ramificar muitos outros motivos profundos:

- DESAFIO: Eu gosto de buscar desafios que envolvam um marco esportivo para mim, uma superação, que me permitam conhecer minhas habilidades e descobrir mais limites físicos e mentais.

- VIVER O MUNDO: Significa viajar e conhecer o mundo e a natureza de forma direta, como ator, e não como espectador. Uma coisa é visitar um deserto, tirar uma foto e dormir em um hotel; outra muito diferente é adentrá-lo através de um desafio, enfrentando-o, captando a sua imensidão, dureza, beleza etc. Uma coisa é voar até o Polo Sul e passar três horas lá tirando fotos, ou fazer uma excursão pelos últimos graus de latitude da Terra, e outra é cruzar a Antártida partindo da costa... Sem dúvida, eu terei conhecido de um modo muito autêntico o que é uma zona polar, o que significa, até que ponto ela é extrema, o tamanho da imensidão etc.

- VIAGEM INTERIOR: Assim como as pessoas utilizam sistemas diferentes como uma religião, um método de meditação etc., eu busco nessas experiências um caminho de desenvolvimento interior para crescer como pessoa, para evoluir, para me conectar à minha consciência, para amar mais (autoestima e amor pelos demais), para expandir o tempo, para tentar transcender o ego, para trabalhar a coerência.

- APRENDER: Uma das partes mais interessantes é o aprendizado que eu tiro das experiências extremas que eu vivo. Você aprende sobre muitas coisas, mas a parte de que eu mais gosto e que mais me interessa engloba tudo o que se refere à atitude e à conduta humana. Eu estudo o assunto assim, a partir da experiência, contrastando-a com a razão e as informações existentes. Para mim, essas aventuras são um grande banco de provas, bem como de geração de conceitos e ideias de suma importância, tanto para mim quanto para compartilhar com os demais (por meio de conferências, artigos, possíveis livros, web etc.).

Portanto, esses são os meus quatro motivos básicos, expostos de modo genérico e simples. Mas eu insisto que, mais importante do que poder explicar ou escrever os motivos, o que realmente conta é aplicá-los e, nesse caso, interiorizar os porquês de modo sincero, autêntico e comprometido.

No fim das contas, isso é tão simples quanto a conhecida expressão de Nietzsche, segundo a qual "quem tem um porquê sempre encontrará o como".

BLOCO DE NOTAS

✓ Uma pessoa condiciona seu futuro se empenha nele a vontade, o desejo e o trabalho necessários.
✓ O mais importante é maximizar a consciência do momento presente.

VIVER PARA SENTIR-SE VIVO

✓ Toda a força para o esforço e a superação depende da motivação que temos em relação ao objetivo.

✓ Motivação significa ter "motivos para a ação".

✓ Se partirmos de motivos claros, teremos força e confiança para lutar por qualquer objetivo.

✓ Ter muito claro o porquê de um objetivo é fundamental para superar todas as fases de qualquer projeto.

✓ Todo mundo pode lutar com unhas e dentes por qualquer projeto, se tiver bem definido por que quer realizá-lo. Todo mundo é fraco se não tem isso claro.

CAPÍTULO 4
Prisioneiros do gelo

> *Realmente, não é nada fácil aguentar tanto tempo em um espaço limitado, cheio de materiais e que deixava para cada um de nós apenas uns 180 cm de comprimento por 60 cm de largura e 120 cm de altura, no ponto mais elevado, para nos movermos. A monotonia, o desconforto, a tensão, a incerteza, a gestão do passar das horas, a convivência com o companheiro, a insegurança, a impotência, a falta de atividade, a preocupação pelos perigos nos arredores, assim como muitas outras sensações permanentes, dia após dia, tornavam a manutenção da motivação e do otimismo com relação ao nosso projeto um grande desafio.*

Com paciência e perseverança, tudo se alcança, e nós finalmente pudemos voar até a base antártica de

Union Glacier. Uma vez que havíamos chegado, depois de dispor de apenas uma jornada de adaptação para concluir os últimos preparativos no local, ao fim de 24 horas, e aproveitando que o tempo estava bastante adequado, pedimos que nos levassem à costa com um avião Twin Otter. Esse é um voo de uns 45 minutos, visto que a distância entre a base e Hércules Point, nosso ponto de partida à beira-mar, é de apenas uns setenta quilômetros.

O desembarque naquele lugar impacta de forma intensa todos os sentidos. A primeira coisa com a qual nos deparamos é uma paisagem totalmente branca e interminável. De fato, não era possível nem sequer apreciar o mar, já que até onde a nossa visão alcançava tudo era água congelada ao redor da costa. O vento não soprava e tínhamos a sensação de estar em um lugar completamente vazio, onde o silêncio era interrompido apenas pelas breves conversas entre nós e os dois pilotos que nos acompanharam até ali.

Aqueles poucos cinquenta ou sessenta minutos que separaram a decolagem da aterrissagem do avião pareceram transcorrer de uma forma que eu apenas posso classificar como neutra, como se alguém estivesse indicando que nos encontrávamos diante das portas de um novo espaço, e que só dependia de nós a decisão de dar o passo para adentrar aquele novo e

VIVER PARA SENTIR-SE VIVO

perigoso mundo, ou dar meia-volta e permanecer na terra segura e conhecida.

Evidentemente, nossa inércia e nossa vontade nos empurravam para que cruzássemos o limiar que dividia o "aqui" do "lá", mas não nos livramos do debate mental sutil entre o anjo da guarda, conservador e sofredor, que se empenhava para que voltássemos para aquela máquina voadora, e o ousado e curioso diabinho, que nos incentivava a pular de cabeça e descobrir o que se escondia mais para lá daquela zona já conhecida por nós.

Esse momento tão bucólico terminou com uma série de abraços, despedindo-nos dos pilotos e brindando com uma cerveja que o patrocinador nos tinha entregado especialmente para essa ocasião. Os pilotos não beberam por exigência do regulamento de aviação, que é cumprido mesmo em cantos tão distantes do planeta, mas eles nos desejaram toda sorte do mundo e marcaram o próximo encontro para dentro de um mês e meio, aproximadamente, ao mesmo tempo desejando-nos um feliz Natal, caso a estadia se alongasse.

Naquele 30 de outubro, às quatro da tarde, finalmente iniciamos a tão esperada marcha. Depois de nos certificarmos de que tudo estava bem colocado no trenó, e conscientes de que nos custaria muito arrastar aqueles 134 quilos, nos despedimos definitivamente dos pilotos com a intenção de voltar a vê-los pouco mais de um mês e meio mais tarde, quando nos buscariam na base norte-americana que se encontrava no Polo Sul. Dessa forma, cheios de vontade e confiança, Carles Gel e eu demos os primeiros passos em direção ao nosso objetivo. O dia estava muito bom, não extremamente frio, sem muito vento e com um terreno favorável, tanto pelo desnível nulo quanto porque nossos esquis deslizavam por uma superfície praticamente lisa.

Avançamos apenas cinco horas, mas o frio já era intenso às nove da noite, e tivemos que montar o primeiro acampamento, com todas as "novatices" das quais geralmente somos vítimas, impreterivelmente, nos primeiros dias. A etapa havia sido curta em horas de caminhada, mas intensa em emoções e experiências. O interior da barraca era um verdadeiro caos, porque ainda não tínhamos nos adaptado à nossa nova habitação e à dinâmica que implicam todos os processos próprios dessas condições. Apesar disso, nessa noite já dormimos isolados de tudo. Havíamos percorrido uma distância muito curta, mas tínhamos a sensação de que tudo já dependia apenas de nós mesmos e de que, se fizéssemos bem nosso trabalho, nada poderia nos deter. Ainda impressionados, estávamos muito contentes e animados por tudo o que estava acontecendo.

O segundo dia de expedição começou cedo. Nós tínhamos muita vontade de começar a reduzir o saldo de quilômetros e de encontrar um ritmo que nos permitisse avançar ao máximo sem jamais chegar ao limite do cansaço, progredindo com esforço, mas sempre guardando energias para o dia seguinte. As três primeiras horas de caminhada foram agradáveis, mas logo encontramos uma encosta muito complicada, cheia de placas de gelo e algumas gretas, que tivemos muita dificuldade para superar. Parecia que a Antártida fazia questão de que recebêssemos suas boas-vindas. No entanto, não podíamos estar mais errados, já que a verdadeira festa de recepção ainda estava por vir. Poucas horas depois, por volta das cinco da tarde, o vento começou a soprar com força. A visibilidade foi reduzida rapidamente, e passou a ser muito difícil avançar em condições minimamente aceitáveis. Não havíamos caminhado as oito horas previstas, mas já estava tão complicado continuar avançando que decidimos parar e montar a barraca. Acreditávamos que, se o vento ficasse ainda mais forte, seria muito difícil montá-la, por isso consideramos mais seguro parar e recuperar no dia seguinte os quilômetros que não tínhamos conseguido percorrer. No entanto, o tempo estava ainda pior na manhã seguinte. Tentamos nos equipar e sair da barraca, mas aquilo era um verdadeiro inferno, e nos pareceu um absurdo tentar avançar naquelas condições. Sem tirar as roupas de caminhada, esperamos umas quatro horas na barraca, mas as condições estavam longe de melhorar e eram cada vez piores. Ao meio-dia, já não víamos mais outra alternativa além de ficar ali mesmo com a esperança de que, na manhã seguinte, o tempo tivesse melhorado. Mas não foi assim, nem no dia seguinte, nem no outro, que continuava igual. Assim, passamos treze dias nos quais foi impossível abandonar aquela barraca, enquanto nos desesperávamos e tentávamos manter a moral minimamente alta, esperando que as condições melhorassem e conseguíssemos seguir adiante.

Não aconselho a ninguém tirar férias em uma barraca de acampamento montada no meio da Antártida, a uma temperatura entre 30 e 45 graus abaixo de zero, com uma tempestade incessante de vento e neve, e sem a menor possibilidade de avançar o voltar, nem de ser resgatado em caso de emergência. Em uma ocasião, durante uma expedição a Denali (monte McKinley, Alasca), eu fiquei preso durante oito dias, mas ali nós tínhamos momentos de calma e podíamos sair da barraca, passear, fazer alguma coisa, e não estávamos totalmente presos, sem a menor liberdade de movimentos entre aquelas lonas que nos acolhiam, protegiam e, ao mesmo tempo, eram como uma cela.

VIVER PARA SENTIR-SE VIVO

Em certos momentos, a nevasca e o vento eram tão intensos que nos preocupávamos muitíssimo com a integridade da nossa barraca. Nós tínhamos outra em caso de emergência, mas era menor e muito mais fraca, e não teria resistido nem meio dia em condições tão extremas. Por isso sabíamos que, se nosso abrigo cedesse, tínhamos apenas duas opções para sobreviver: cavar uma cova ou construir um iglu. Mas, com as ferramentas das quais dispúnhamos, aquilo teria exigido muito tempo, e, naquelas condições de vento e frio, o risco de congelamento teria sido altíssimo.

Nós fazíamos turnos para sair e remover a neve da barraca. De fato, limitávamos muito nossas saídas, porque, cada vez que tentávamos, o processo causava um desconforto e sofrimento consideráveis. Durante esses dias, nós só saímos para tirar a neve e verificar se a barraca estava em boas condições, para desenterrar o trenó, para pegar comida ou para fazer a parte sólida das nossas necessidades fisiológicas mais básicas. Esta última operação era precisamente a mais difícil: ir ao banheiro no meio do gelo, durante uma tempestade de neve e vento, com temperaturas abaixo dos 35 ou 40 graus negativos é uma coisa muito delicada e que requer o máximo de precisão. Você deve sair da barraca muito concentrado na tarefa a ser realizada, com todos os passos perfeitamente calculados, e você não pode se permitir um instante de distração. Como você pode adivinhar, para realizar corretamente determinas partes importantes dessa façanha tão íntima, não é possível usar luvas grossas, e você tem que fazer isso com as mãos desprotegidas ou com umas luvas de seda bem finas. Nesses momentos, o risco de sofrer congelamentos é máximo; mas então, você pensa que sempre pode acontecer algo pior do que um dedo da mão congelado, considerando que, no fim das contas, temos dez. Por outro lado, se, como é imperativo em certos momentos do processo, nós arriamos as calças e as roupas de baixo, podemos acabar congelando outra coisa da qual dispomos de apenas uma unidade, e sofrer uma perda em tal parte da nossa anatomia seria muito pior. De qualquer modo, devo dizer que eu sempre acreditei que, se eu nunca tive um talento especial, esse é precisamente o de ser rápido na hora de expulsar a comida. Em todas as minhas aventuras, nas quais posso afirmar que essa acaba sendo sempre uma das tarefas mais complicadas, eu praticamente nunca falhei. Eu queria que existisse um campeonato no mundo nessa especialidade, e eu não duvido de que poderia fazer parte da elite dessa disciplina escatológica.

Como é habitual, o mais importante da realidade não é a realidade em si, mas a percepção e a visão que temos dela. Uma experiência como essa pode destruir a moral de qualquer um que não a absorva bem e a interprete apenas pelo lado negativo, ou também pode ser uma ocasião para desfrutar das partes positivas e tremendamente singulares da situação. Pode-se aproveitar, ao mesmo tempo, para analisar muitos dos aprendizados que nos são oferecidos.

A primeira coisa que sempre me deixa maravilhado nessas surpresas com as quais, de vez em quando, a natureza nos brinda é que elas permitem que você perceba a sua potência, a brutalidade da sua força, a sua capacidade de nos dominar quando quiser, a nossa insignificância ao redor de um ambiente hostil, e a necessidade de que sejamos mais humildes e entendamos que nem sempre podemos controlá-la, por mais que tentemos e nos esforcemos. Em situações como essas, você deve entender que a incerteza, que você já sabia que faria parte da viagem quando embarcou nessa aventura, deve ser muito bem administrada exatamente quando alcança os níveis mais altos. Ali, na barraca, ignorávamos por quantos dias aquela situação de impedimento poderia se prolongar, se o consumo de combustível e comida nos permitiria seguir até o final quando o tempo melhorasse, se a própria barraca aguentaria, se poderiam nos resgatar em caso de algum problema, se estávamos fazendo o certo ou se agíamos com prudência excessiva ao não arriscar avançar. Definitivamente, e para dizer isso de uma maneira suave, tínhamos muito claro que nada estava claro; não controlávamos a situação e, diante de tal panorama, podíamos fazer poucas coisas. Só sabíamos com certa segurança que nos encontrávamos em um momento crítico e tínhamos que ser corajosos. A coragem é um desses fatores tão especiais que não devem ser medidos quando tudo vai bem, mas quando as coisas estão realmente complicadas.

Eu me lembro perfeitamente do momento em que estávamos indo dormir na noite do dia 10 de novembro, quando estávamos há exatamente dez dias encalhados naquele lugar. Eu não sou nem um pouco supersticioso, jamais carrego amuleto algum e me obrigo, com ênfase especial, a não ter manias estranhas quando enfrento empreitadas difíceis, mas suponho que tantos dias de angústia e inatividade o forçam a buscar desesperadamente algum sinal de melhora ou que indique que pode haver uma luz no fim do túnel. Quando estava entrando no saco de dormir, eu disse a Carles que no dia seguinte faria exatamente onze dias que permanecíamos reclusos na barraca, e que isso coincidiria com o dia 11 de novembro, que era precisamente o mês onze do ano 2011. Ou seja: onze dias, justamente dia onze do mês onze do ano onze. Portanto, isso talvez significasse alguma coisa. Talvez fosse um possível indicador de que tudo ia mudar no dia seguinte...

VIVER PARA SENTIR-SE VIVO

De manhã, tudo continuava igual, e nossa situação não havia sofrido a menor alteração.

Muitas vezes ocorre que planejamos as coisas de um jeito, mas, no final, tudo se distorce ou as circunstâncias mudam por completo, e não nos resta escolha além de nos adaptarmos e tentar fazer o possível para encontrar um modo de tomar um novo rumo e seguir caminho em meio à nova situação. São ocasiões muito interessantes, em que devemos estar plenamente conscientes de que nem sempre podemos controlar nosso ambiente, nosso caminho ou nossas circunstâncias, mas que, por outro lado, podemos controlar nossa atitude em relação a tais circunstâncias. Em muitas ocasiões, o ambiente é de todo incerto e não depende de nós, mas devemos sempre procurar adotar a atitude adequada e fazer com que ela se torne parte das nossas certezas, pois ela só depende de nós.

Charles Darwin definiu isso muito bem quando disse que as espécies que conseguiriam sobreviver não seriam as mais corajosas nem as mais inteligentes, mas as que se adaptassem melhor às mudanças. Isso é algo bem válido no mundo da aventura, pois a incerteza e a mudança são partes inevitáveis do caminho, mas eu me atreveria a dizer que isso pode ser aplicado também à vida de todo mundo e aos projetos de qualquer escopo: quem não consegue se adaptar e gerir situações complexas e variáveis dificilmente sairá ileso, especialmente quando se pretende fazer algo que vá um pouco além do que é e o que está previsto no roteiro de sua própria existência.

Fala-se muito em liderança, tanto aplicada ao escopo de projetos quanto ao de gestão ou desenvolvimento pessoal, mas liderar um projeto ou a própria vida quando tudo é positivo e evolui de forma favorável não indica um maior mérito. Em contrapartida, se isso é feito quando as coisas são complexas de verdade, a palavra então assume seu valor máximo. Os verdadeiros líderes sempre souberam demonstrar isso em situações críticas, incertas e difíceis de administrar. Há diversos exemplos em todos os campos da história. Mas, quando você permanece centenas de horas refugiado em uma barraca frágil, muito indefeso e em um lugar tão extremo como o gelo ártico, você consegue ver claramente e percebe que, das muitas qualidades que um líder deve ter, há uma que é essencial e nunca pode faltar: ele deve acreditar no futuro, deve confiar que vale a pena lutar, deve estar convencido de que o objetivo que busca faz sentido e que, no final, ele conseguirá. Caso contrário, que diachos essa pessoa lideraria? Como se motivaria e como motivaria o resto da sua equipe? Como manteria as forças e encontraria a energia necessária para seguir em frente? Liderar sempre requer, no mínimo, uma atitude positiva, bem como a convicção de que isso faz sentido e é possível ou necessário.

Já vivi muitas situações críticas ao longo da minha trajetória e refleti muito sobre ser positivo e otimista, e em cada ocasião descobri que esse é um conceito complexo. As pessoas geralmente me consideram otimista, mas, mesmo concordando em parte, sempre sinto um grande respeito por essa palavra, especialmente quando a situação em questão é ou pode ser realmente crítica, envolve riscos significativos, e qualquer decisão errada ou a falta de boa gestão emocional pode ser fatal. Ao meu ver, em momentos verdadeiramente complicados, devemos ter confiança no futuro, devemos ser muito positivos, mas também muito realistas. Nesse contexto, gosto muito de um provérbio dos marinheiros segundo o qual em um veleiro, em plena tempestade, o pessimista acha que não vai se salvar, o otimista acredita que as nuvens logo desaparecerão e tudo vai se acalmar, e o realista começa a ajustar as velas. E todo mundo sabe que os bons marinheiros não são aqueles que se desesperam diante dos contratempos, nem os que esperam que as nuvens se dispersem, mas sim os que administram a situação com toda sua capacidade e todo seu valor para superar a tempestade.

Há muito tempo, eu li um livro muito interessante intitulado *Empresas feitas para vencer*, do professor Jim Collins, da Escola de Negócios da Universidade de Stanford, no qual ele aborda o tema de como contornar as adversidades. Das muitas entrevistas que há no livro, fiquei impressionado especialmente com a de Stockdale, o oficial norte-americano de mais alta patente que foi prisioneiro em um campo de concentração no Vietnam entre 1965 e 1973. Durante oito anos, ele permaneceu isolado e foi torturado repetidamente, sem que fossem respeitados os direitos mais fundamentais reconhecidos pela Convenção de Genebra para prisioneiros de guerra. Ao ser libertado, ele declarou que nunca perdera a confiança de que sairia daquela situação. Ele nunca duvidou de que venceria, não os seus captores, mas a si mesmo, já que estava convencido de que essa experiência seria enriquecedora para a sua vida, e também significaria uma linha divisória para melhorar como pessoa e dar sentido a muito mais coisas que, antes, ele talvez não valorizasse o suficiente. Collins perguntou a ele sobre o fato de que muitos de seus companheiros de prisão tinham morrido, em sua maioria de ataques cardíacos; queria saber qual era a sua opinião sobre por que aqueles homens não resistiram e morreram. Stockdale disse que era fácil responder a essa pergunta: em sua opinião, os otimistas foram os que menos aguentaram, porque, quando

VIVER PARA SENTIR-SE VIVO

foram presos, estavam convencidos de que seriam libertados rapidamente e estariam em casa para o Natal, mas, no Natal, eles ainda estavam lá. Então, eles pensaram que certamente na próxima Semana Santa estariam livres, mas não foi assim. Seu otimismo persistente os fazia transferir o momento de sua libertação para até a próxima data familiar significativa, mas seu sonho nunca se cumpria. Essa dinâmica de repetidas frustrações diante de expectativas pouco realistas pelo excesso de otimismo fez com que todos perdessem as forças e o sentido da própria vida; sua própria fraqueza levou-os lentamente à morte, ao serem incapazes de continuar aguentando aquela situação tão terrível.

Aquela jornada interminável em plena tempestade antártica me fez refletir muito sobre o episódio relatado no livro de Collins, que me ajudou a entender que nunca devemos confundir a esperança imediata com a convicção da vitória final. Obviamente, temos que ser positivos nos momentos mais difíceis, devemos sempre manter o humor e colocar um sorriso no rosto diante das adversidades... mas não necessariamente fazer cara de bobo. Confiança e entusiasmo pelo futuro e pelo nosso objetivo, sim; ser otimista e positivo, também, mas sempre combinando uma boa dose de realismo e um forte desejo de lutar para que as coisas melhorem, à medida que pudermos contribuir com algo e, pelo menos, estar bem preparados para quando tivermos a oportunidade.

Os momentos mais ativos e divertidos do dia eram as horas de comer. Nós usávamos a maior parcimônia possível, destinando a elas todo o tempo do mundo, para aproveitar ao máximo aquele acontecimento tão emocionante e singular em nossa vida rotineira e gélida. Nós planejávamos o menu que nos cabia e as opções que tínhamos para escolher o prato do dia, como se fosse um tema de interesse mundial e tivéssemos convocado os maiores chefes de Estado dos principais países. Os macarrões à milanesa eram uma tentação, mas justamente no dia anterior tínhamos comido talharim à bolonhesa, e talvez hoje conviesse escolher uma sopa de lentilhas, ou um arroz, não é? Além disso, nós também tínhamos umas boas sobremesas disponíveis nessa ocasião, porque no dia anterior pegamos apenas alguns biscoitos depois da refeição. Por que não nos oferecer uma pequena homenagem e comer o dobro da nossa porção diária? Não, era aconselhável continuar o racionamento de comida, porque também não estávamos queimando muitas calorias devido à falta de atividade daqueles dias. Era essencial controlar o consumo de alimentos, bem como tentar prolongar ao máximo nossa autonomia, para quando o tempo melhorasse e saíssemos disparados em direção ao Polo Sul.

Mas não falávamos apenas de comida e outras trivialidades na barraca. Às vezes, tínhamos conversas como aquelas nas quais, de repente, você se vê resolvendo os problemas do mundo inteiro, e, por que não dizer, outras vezes também discutíamos sobre a situação em que nos encontrávamos, bem como as opções que tínhamos e como enfrentá-las. Por fim, sobre as decisões que devíamos tomar.

Duas pessoas são uma equipe, e, em uma situação como aquela, devíamos administrar muitas coisas referentes ao grupo: os medos, a percepção do risco, a preguiça, a vontade de lutar, a motivação para o projeto, o humor, a saudade, o sentido de tudo aquilo, e muitos outros fatores que surgem e que cada pessoa resolve de sua própria maneira. Pode acontecer que um deseje avançar, arriscando-se um pouco, e o outro ache que é melhor ser prudente e esperar por condições mais favoráveis. Ou que um se sinta corajoso e cheio de energia justamente quando o outro está apático, cansado e totalmente indisposto a fazer um determinado esforço adicional. Ou que um esteja disposto a esperar tantos dias ou semanas como convenha, e o outro diga que é necessário colocar um limite determinado, porque, às vezes, as circunstâncias superam a vontade, e é melhor se conformar e desistir. Ou que um encare melhor do que o outro o desgaste da espera e a ansiedade da situação. E assim sucessivamente.

Já vivi muitas situações críticas com equipes diferentes, e é nesses momentos que você percebe até que ponto é difícil agir com um objetivo comum, tomar decisões que todos compartam e ter êxito como um grupo. Tanto na vida pessoal quanto na profissional ou na aventura, os momentos extremos sempre representam um desafio para o grupo. Especialmente quando existe um risco de fracasso iminente, quando a situação pode ter consequências fatais de um aspecto econômico, pessoal ou vital, é inevitável que apareçam as individualidades. Então, percebe-se de verdade se o objetivo e as razões para alcançá-lo foram bem trabalhados no que se refere à equipe, no que concerne à reflexão individual. Assim, vê-se com muita clareza que o compromisso de cada um com o projeto não é sempre o mesmo, que as prioridades são diferentes em cada caso, que os medos, as emoções, os limites, os valores e a atitude são fatores-chave que dificilmente seguem um único padrão em um conjunto de pessoas que enfrentam situações extremas.

Em momentos difíceis, em situações realmente críticas, é quando brota o melhor e o pior de cada um. Nessas situações, e quase sempre dependendo da atitude de cada indivíduo no que diz respeito às circunstâncias que são vividas, aflora a parte mais generosa ou mais egoísta. É aí que predominam os valores mais nobres ou mais miseráveis, que se realizam os atos mais corajosos de uma vida ou se mostra a parte mais covarde do ser. Essa é uma das vertentes mais interessantes de qualquer aventura, pois muitas vezes ela leva os envolvidos ao limite e permite que eles venham a conhecer a fundo tanto o seu próprio comportamento e conduta como os de todos os membros do grupo. As pessoas podem surpreendê-lo muito, tanto positiva quanto negativamente. Mas, ocasionalmente, você também vai ficar surpreso e agir de uma forma significativamente diferente da que havia previsto. É muito fácil assumir atitudes e comportamentos quando se está longe da trincheira, quando você planeja ou analisa a situação em um plano teórico ou virtual. Mas, o momento em que se demonstra e vê realmente o que um indivíduo ou um grupo são capazes de fazer é, justamente, quando eles se encontram em um real momento crítico.

Aconteceu comigo muitas vezes que alguém que eu julgava o mais preparado, corajoso e capaz fica mais perdido que cego em tiroteio quando as coisas vão mal. Ou ao contrário: que o membro teoricamente mais fraco e duvidoso do grupo seja o que melhor responde diante de um problema real e o que mais colabora com o grupo para resolver a situação. A experiência costuma ser sempre uma boa aliada, mas também não é algo 100% seguro. O mesmo indivíduo que apresenta uma trajetória muito sólida em situações semelhantes pode fracassar miseravelmente sob novas circunstâncias de risco ou de grande complexidade. Certamente sua bagagem lhe dá mais garantia de eficiência na resolução de problemas, mas não se deve menosprezar outros fatores, tais como o seu estado de espírito, o seu compromisso com o projeto, algum problema pessoal etc., que influenciarão em grande parte cada momento particular. Até mesmo aquele que se sente seguro e confiante para enfrentar alguns obstáculos deve estar ciente de que cada caso é diferente, e nunca se pode baixar a guarda quando se quer evitar surpresas desagradáveis.

Eu não guardo qualquer lembrança ruim daquela longa estadia em nosso minúsculo refúgio antártico. Obviamente, às vezes era difícil. Obviamente, eu não via a hora de voltar a caminhar. Obviamente, houve instantes de medo, angústia ou pessimismo. No entanto, em geral, eu estava bem, me sentia relaxado, aproveitava para escrever muito, ouvir música, e ler e reler o único livro que levamos, dividindo-o com Carles: *Polo Sul*, de Roald Amundsen.

Eu começava a perceber, acima de tudo, a importância de estar realmente conectado com o porquê do meu objetivo, e sentia que, por menores que fossem as chances de seguir adiante, queria aproveitá-las, porque para mim aquele projeto mantinha todo o seu sentido. Minha motivação continuava inalterada.

BLOCO DE NOTAS

- ✓ O mais importante da realidade não é a realidade em si, mas a percepção e a visão que temos dela.
- ✓ Em situações extremas você percebe o poder da natureza, sua força brutal e sua capacidade de nos dominar.
- ✓ A coragem é um fator que não deve ser avaliado quando tudo vai bem, mas quando as coisas ficam complicadas.
- ✓ Em certas ocasiões, nós não podemos controlar nossas circunstâncias, mas podemos controlar a nossa atitude.
- ✓ Se o ambiente é incerto e não depende de nós, temos que procurar adotar a atitude adequada, aquela que realmente depende de nós.
- ✓ A incerteza e a mudança são partes inevitáveis do nosso caminho.
- ✓ Os verdadeiros líderes sempre se revelaram quando as situações são críticas, incertas e difíceis de resolver.
- ✓ Liderar qualquer coisa requer, no mínimo, uma atitude positiva, bem como a convicção de que isso faz sentido, e é possível e necessário.
- ✓ Em momentos difíceis, temos que confiar no futuro, sendo muito positivos e também muito realistas.

- ✓ Não se deve confundir a esperança imediata com a convicção na vitória final.
- ✓ Em situações críticas percebemos que é realmente complicado agir com um objetivo comum e ter êxito como um grupo.
- ✓ Os momentos extremos são sempre muito difíceis de gerir em grupo.
- ✓ Em situações de risco e grande complexidade, surgem as individualidades distintas que compõem a equipe.
- ✓ É em momentos complicados e em situações realmente críticas que aflora o pior e o melhor de cada um.
- ✓ Um mesmo indivíduo de comprovada trajetória em circunstâncias similares pode fracassar miseravelmente em uma nova situação de risco ou altamente complexa.

CAPÍTULO 5
EU FICO SOZINHO

Retirar-se de um projeto quando as coisas ficaram muito distorcidas e as circunstâncias indicam que o mais adequado talvez seja não seguir adiante requer uma grande coragem. Às vezes, tanto ou mais que continuar perseverando quando nada mais tem sentido e os riscos ou complicações talvez sejam excessivos para o que você está disposto a assumir.

No dia 17 de novembro, depois de passar treze dias inteiros de férias forçadas na barraca, a manhã começou com pouquíssimo vento e um sol que podia ser mais ou menos sentido, por trás de uma espécie de neblina muito densa. Finalmente havia chegado a nossa oportunidade de sair da toca e começar a avançar como loucos, tentando recuperar o tempo perdido, rumando em direção ao nosso objetivo. Foi quase doloroso abandonar aquele lugar onde havíamos passado tanto tempo e onde, inevitavelmente, sem sequer nos movermos, havíamos feito uma profunda viagem pelo nosso interior. Era um lugar hostil, mas, ao mesmo tempo, sabíamos que estaria sempre presente em nossas memórias.

Levantamos acampamento na primeira hora da manhã, levamos todo o material para os trenós e começamos a caminhada, entusiasmados, impressionados e igualmente preocupados pelo que enfrentaríamos a partir daquele tempo. Depois de passar por uma área cheia de pequenas gretas, onde tivemos que tomar o máximo de precaução para superá-las sem topar com alguma maior que nos engolisse sem dó nem piedade, chegamos a uma área muito segura, plana e agradável. Precisamente ali o dia começou a clarear, e o sol passou a dominar o ambiente. Era como se alguém nos lançasse raios de alegria do céu. Era como se a luz do sol fosse uma mulher bonita, educada e elegante que nos convidava a passar uma noite inesquecível em sua mansão. Era como se, de repente, o relógio tivesse voltado quinze dias no tempo e tudo começasse do zero. Era como se o sentido de tudo aquilo tivesse sido renovado com força redobrada.

Estávamos muito animados e com a vontade de mergulhar de cabeça na parte esportiva da aventura: devorar quilômetros sem medir esforços e puxar aqueles trenós como se tivessem um motor incorporado. Embora tivéssemos a cara totalmente protegida por múltiplas camadas de roupas isolantes e térmicas, era possível ver a felicidade estampada em nossos rostos. A cada mínima parada para recuperar as forças e reabastecer, dedicávamos um ao outro algumas palavras de encorajamento, acompanhadas pelos sinais mais habituais de momentos nos quais uma equipe está convencida de sua possibilidade de obter a vitória final.

O único problema é que aquela euforia durou escassas seis horas, pois Carles começou a sentir algumas dores muito incômodas no tornozelo. Paramos para ver o que ele tinha, se era uma bolha grande, mas só conseguíamos ver uma pequena área um pouco mais vermelha do que o normal e nada mais. Ele ainda continuou mais uma horinha, embora a um ritmo muito mais lento e realizando paradas frequentes para se recuperar. Por fim, quando chegávamos a umas sete horas de caminhada, e longe das nove que queríamos para aquele dia, Carles disse que precisava parar por completo e descansar. Novamente com o rosto cheio de preocupação, decidimos montar a barraca e passar uma noite imersos em uma situação cheia de dúvidas que, agora, não eram causadas pelo ambiente, mas por uma greta em nossas próprias capacidades.

O dia seguinte amanheceu lindo. O vento tinha cessado completamente e não havia uma única nuvem em todo o céu. Teria sido uma etapa fantástica, mas, depois de vestidos, Carles caminhou um pouco pelos arredores da barraca e decidiu que não se sentia disposto a fazer o esforço necessário para completar um dia normal de caminhada. Aquele foi um dos dias mais difíceis de toda a travessia, pior até mesmo que os dias que permanecemos prisioneiros da tempestade, alguns quilômetros mais abaixo. Mesmo que você já tenha se encontrando em muitas situações tensas e incertas, cada uma delas é nova, e você não sabe muito bem como agir. Se eu me limitasse a entender e agradar meu companheiro, sem dúvida ele aceitaria isso e não faria o menor esforço extra para tentar seguir, mas, se eu tentasse pressioná-lo para forçar um pouco a situação e tentar avançar, as coisas poderiam ir de mal a pior. Era um tema delicado, como sempre é administrar todas as situações de dificuldade, quando você sabe que, se não chegar até o fundo, nunca conseguirá obter o resultado desejado, mas também está ciente de que, se forçar demais, pode provocar um problema realmente sério. Apesar de tudo, optei por insistir um pouco, porque, devo reconhecer, tinha um pouco de dúvida sobre que parte do problema procedia de causas físicas e até que ponto procedia de sua própria atitude; nesses tipos de situações, a linha que separa os conflitos da mente e do corpo é geralmente muito tênue.

Eu tentei convencê-lo de que tentássemos seguir em frente por algumas horas. Pelo menos assim teríamos nos movido e não arriscaríamos entrar outra vez em um ciclo negativo como aquele do qual havíamos saído há pouquíssimo tempo Eu disse a ele que começaríamos a caminhada e, se depois de algumas horas ele não pudesse suportar a dor, acamparíamos outra vez e pensaríamos no que fazer. Não foi uma conversa fácil, mas era apenas um pequeno aperitivo das discussões que ainda nos esperavam durante as 24 horas seguintes. Depois de refletir um pouco, meu companheiro decidiu que precisava de um dia inteiro de descanso para determinar se ele se via capaz de prosseguir. Assim, voltamos ao confinamento na barraca, mas com uma condição prévia que eu coloquei antes de entrar. Aquele dia deveria servir para que os dois fizessem uma reflexão séria, profunda e sincera, principalmente por parte dele, porque era ele quem se sentia mais fraco naquele momento: deveríamos decidir se podíamos e queríamos realmente prosseguir, ou se preferíamos acionar um resgate e abandonar nossa aventura. Com esse compromisso, passamos outro dia deitados no gelo, mas essa ocasião foi ainda pior do que as anteriores, pois o tempo estava excelente lá fora e dava a sensação de que estávamos jogando no lixo todo nosso projeto, sem sermos capazes de lutar com toda força.

Durante os treze dias que permanecemos na barraca por causa da tempestade, nunca sofri o nervosismo e a angústia daquele dia tão agradável e tranquilo no qual também não podíamos acionar nossas máquinas de triturar quilômetros até o Polo Sul.

Ao anoitecer, conversamos por telefone via satélite com nossas respectivas mulheres sobre a situação em que estávamos. Naquele dia, gastamos bastante em chamadas e agradecemos muito por tê-las patrocinadas em até 90% do seu custo. Ainda que fôssemos os autores e principais responsáveis pelo que decidíssemos, tudo isso não envolvia apenas nós dois como um conjunto ou como indivíduos, mas também produziria um importante efeito no resto da equipe e, especialmente, em nossas famílias. Havia apenas três opções sobre a mesa, ou, melhor dizendo nesse caso, dentro da barraca: uma era a de que nós dois continuássemos, a outra, de que nós dois abandonássemos, e a terceira, de que Carles fosse embora e eu seguisse sozinho. Meu companheiro era quem deveria tomar a decisão-chave, pois a primeira opção, a que eu mais desejava, dependia dele, e a segunda,

VIVER PARA SENTIR-SE VIVO

na qual eu poderia optar por ir embora ou ficar, dependia se ele tivesse decidido desistir. Eu quis ser muito claro desde o princípio e, nas poucas horas em que permaneci ali, em um retiro quase espiritual, disse a Carles, ainda na esperança de que ele pudesse continuar, que, se decidisse não fazê-lo, considerando que ele não precisava de mim em nada para a viagem de volta, já que poderia se virar perfeitamente por conta própria, eu tinha muita certeza de que ficaria para tentar. Talvez ele, minha esposa depois de algumas horas, os outros membros da equipe, os seguidores e a imprensa mais tarde ficassem surpreendidos com a minha determinação e a rapidez com a qual tomei a decisão radical de ficar sozinho, mas devo afirmar que, da minha parte, não foi uma decisão precipitada. Já havia dias que eu contemplava essa possibilidade como um dos diferentes cenários que previa como resultado da evolução da situação complicada em que nos encontrávamos, as intensas conversas com o meu colega e a minha avaliação do seu estado de espírito.

Eu gostaria de ter gravado as conversas telefônicas de cada um de nós com nossas respectivas esposas, já que foi uma dessas situações nas quais os sentimentos acumulados por um longo tempo afloram. Não me refiro apenas aos dezoito dias que havíamos permanecido deitados sobre o gelo, mais os

ALBERT BOSCH

oito dias em que estivemos nos empanturrando com hambúrgueres em Punta Arenas, mas à experiência crítica que estávamos vivendo e a tudo que fazia parte de nós mesmos, ao relacionamento com nossos entes queridos, à interação com nosso mundo, ao compromisso em direção ao nosso objetivo definido naquela aventura e à forma como ele se encaixava em nossa respectiva evolução pessoal. Que não lhe reste a menor dúvida de que é nos momentos verdadeiramente importantes que você colhe o que semeou, e você se depara com um bom volume de lembranças, energias, medos, dúvidas, desejos, decepções, confianças, fraquezas e fortalezas que acumulou ao longo da sua vida.

Logicamente, para Carles foi um momento muito duro e negativo. Por um lado, ele estava muito preocupado com seus problemas e se via com pouca confiança para poder fazer o grande esforço que exigia a empreitada que nos esperava, e, por outro lado, desde as nossas casas tentavam motivá-lo e dar a ele toda a força possível para que não desistisse do projeto com o qual ele tinha sonhado durante tanto tempo e pelo qual tinha lutado com tanto entusiasmo.

Muitas vezes acontece que, depois de ter preparado durante muito tempo uma expedição em particular, submetido à pressão da exposição pública do acontecimento ou dos compromissos com patrocina-

Viver para sentir-se vivo

dores, você está disposto a cruzar certos limites que jamais deveria ultrapassar. Em qualquer caso, o meu colega agiu com serenidade e fortaleza mental muito louváveis para ser capaz de isolar toda essa pressão e seus próprios desejos, então abandonar a aventura em um momento em que os fatos, a razão e a intuição indicavam que ir embora era a melhor opção.

Minhas conversas de telefone por satélite também não foram simples. Não é fácil compartilhar a decisão de ficar sozinho em um dos lugares mais hostis da Terra, diante de uma incerteza absoluta em todos os sentidos e assumindo riscos extras por muitas semanas, enquanto sua parceira está em casa com os três filhos, preocupada por todos os problemas e perigos potenciais que você pode encontrar se permanecer sozinho na Antártida. Mas acredito que, se uma sorte eu já tive na vida, foi a de ter a mulher que eu tenho. Nós nos conhecemos há muitos anos e, em nossa vida em comum, estivemos cercados por todos esses conceitos que fazem parte da aventura de viver e dos desafios extremos de formas diferentes. Ela sempre me ajuda a demarcar o caminho que me permite avançar, mas proporcionando um grande realismo quando se trata de avaliar os limites, que devem ser sempre muito visíveis, estudados e assimilados. Eu percebia que ela estava preocupada, mas também sentia que era sincera quando me dizia que, se eu me visse com confiança para prosseguir e realmente desejasse fazê-lo, ela me daria seu apoio. Maria sempre foi a minha aliada e meu apoio fundamental, mas nesse momento a conexão foi máxima. Eu percebia que eu mesmo não tinha dúvida alguma para decidir continuar sozinho, nem mesmo a minha família tinha dúvida para poder lutar exaustivamente pelo meu – nosso – objetivo.

Naturalmente, a principal oposição ao fato de que eu decidira continuar sozinho, caso Carles abandonasse, chegou de onde tinha que chegar. Certa pessoa, exercendo perfeitamente o seu papel e a sua responsabilidade na vida, não aprovava de forma alguma que eu tivesse optado por aquele caminho. Minha mãe estava muito brava comigo e expressou isso de um jeito muito claro, sincero e simpático, que eu lembrarei para sempre: ela disse à minha mulher por telefone que estava muito triste por ela, alertando-a que o marido dela, ou seja, seu próprio filho, era um radical e que isso era muito pior do que ter um marido drogado.

Como radical, como viciado na melhor droga que existe no mundo – o desejo de viver intensamente –, ou porque estava bastante decidido a seguir em frente, o resultado foi que no final da tarde eu já havia completado toda a lista de material comum com que eu deveria ficar, no caso de que o meu companheiro fosse embora, e também o plano de adaptação urgente para a nova realidade.

As palavras podem ter muita força em certos contextos, e algumas palavras são mais poderosas ainda se nós as usamos corretamente. Geralmente nosso vocabulário é composto de expressões que usamos mais por costume ou por puro hábito comunicativo do que para nos referirmos ao sentido profundo de cada palavra. Inclusive, poderíamos chegar a dizer que o filtro social de muitas palavras acaba distorcendo o significado e o sentido real que corresponde a elas. A palavra "radical" deve ser uma delas, porque, quando você se encontra em uma situação tão extrema, tomando decisões que têm uma implicação no momento presente e, talvez, também no resto da sua vida, e sua própria mãe usa uma expressão que vem diretamente das suas entranhas para acusá-lo de ser radical, você não pode deixar de pensar até que ponto sua mãe tem razão e o que significa esse conceito, aplicando-o com sinceridade a si mesmo.

Sempre procurei não agir radicalmente em muitos aspectos da minha vida e acho que consegui ser bastante equilibrado na maior parte das minhas ações, mas o certo é que, analisando com rigor, eu agi de formas muito radicais em algumas vertentes, dentre as quais a atividade de aventurar-se seria, sem dúvida, a parte mais proeminente. Às vezes, ser radical carrega conotações negativas, porque pode se referir a comportamentos imprudentes, não fundamentados, extremamente teimosos ou prejudiciais para si ou para o ambiente. Mas, por outro lado, podemos ver que esse mesmo termo significa, etimologicamente, "relativo à raiz, à origem, que tem seu fundamento desde o início". Também significa "fundamental", e, para mim, a aventura o é. Portanto, temos aqui outra leitura que, a meu ver, faz todo sentido na situação pela qual eu passava naquele dia em que começou a minha solidão antártica, pois ser radical significa nos aprofundarmos em nossa essência, em nossas raízes, nos princípios que nos fundamentam e que constituíram a base do nosso crescimento. Então, sim, mãe, eu confesso: eu sou um radical; um radical nesse sentido, não só na acepção de buscar emoções fortes ou amar a beleza do esporte extremo, mas também no sentido de procurar ser alguém indagador em suas origens, no porquê e na necessidade de buscar a essência de si mesmo. O radicalismo nos faz fortes, nos prende aos nossos princípios e, ao mesmo tempo, nos permite evoluir a partir de uma reflexão lúcida, tentando ver o ponto essencial e fundamental em cada um dos aspectos de nossa vida e de nós mesmos. Para mim, esse é o radicalismo positivo, que tento aplicar com cada vez mais convicção no cotidiano e que, em minha opinião, pode nos ajudar a conhecer e percorrer

Viver para sentir-se vivo

caminhos muito enriquecedores e emocionantes na nossa rota por este mundo.

Às seis da manhã do dia seguinte, falamos com a base de Union Glacier para acionar o resgate definitivo de Carles. O tempo voltava a estar magnífico, e nos disseram que não haveria problema algum em vir no mesmo dia, já que o avião estava disponível e as condições de vento e visibilidade eram perfeitas; além disso, descrevemos a eles a área onde estávamos, e ela era ideal para realizar um pouso de emergência. Ainda que eles não tivessem chegado antes das cinco da tarde, as horas passaram voando enquanto preparávamos e distribuíamos o material comum que levávamos nos dois trenós. Eu já havia completado a lista do material que levaria comigo e esboçado um plano urgente de adaptação à nova realidade.

Por fim, após dezenove dias escutando apenas o vento, ou o vazio, o ruído de um motor irrompeu naquele espaço, e vimos que o pequeno avião se aproximava de nosso abrigo localizado no meio do nada. No final, tudo foi muito rápido, e, de repente, Carles e eu estávamos nos abraçando para nos despedirmos definitivamente. Ele me fitava da janela do avião, e eu fitava o avião enquanto decolava e se afastava, devolvendo novamente ao espaço visual e acústico o estado natural que lhe pertencia.

Quando já não se via nenhum rastro do Twin Otter, experimentei uma sensação que, como você pode imaginar, foi especialmente intensa. Já vivi muitas aventuras e momentos especiais. Algumas acabaram bem, e outras foram fracassos estrondosos. Mas, seja como for, quase todas elas me permitiram viver momentos de grande carga emocional. Por isso eu penso que, hoje, com pleno conhecimento de causa e toda a perspectiva que a minha própria trajetória me trouxe, posso qualificar esse momento como o mais intenso da minha vida aventureira.

COMPROMISSO E AUTENTICIDADE

A aquela altura, eu já tinha dezenove dias de expedição, dos quais havíamos passado quinze enclausurados na barraca e apenas durante quatro dias havíamos efetivamente avançado com Carles. Só tínhamos sido capazes de percorrer, no total, 31 quilômetros, portanto faltavam 1.130 para alcançar meu objetivo final. Nesses momentos, a estatística era a pior fonte de informação e motivação; se eu tivesse observado os dados objetivos, teria ficado desesperado. Portanto, me restava apenas a confiança em mim mesmo e a convicção de que valia a pena tentar.

VIVER PARA SENTIR-SE VIVO

Girei bem lentamente 360 graus sobre meu próprio eixo e só vi um branco infinito, que me acompanharia até o fim, em qualquer lugar que estivesse situado.

Fui invadido por uma sensação absolutamente contraditória.

Por um lado, me invadia um sentimento negativo. A tristeza de que o meu companheiro tivera que abandonar e renunciar, assim, o seu sonho almejado; a decepção pelo fato de que tudo tinha dado errado desde o dia em que iniciamos a expedição; a preocupação de que todo o projeto fosse colocado em dúvida depois de trabalhar tantos meses nele; o medo diante da situação que eu enfrentava, multiplicando os riscos já elevados daquela travessia; o sentimento de saudade da família, e a consciência de que eles também estariam sofrendo, em casa, pelas novas circunstâncias.

Por outro lado, eu tinha uma sensação de euforia absoluta, de alegria, transbordando de energia; tinha uma vontade louca de avançar e tentar chegar o mais longe possível. Eu mesmo fiquei surpreso com essa felicidade súbita diante de um panorama tão pouco promissor como o que me era oferecido. Nem eu mesmo consegui me entender nesse momento. Eu notava, simplesmente, que deveria me deixar levar por aquilo que eu mais desejava e seguir adiante para chegar aonde pudesse; depois já haveria tempo para tirar as devidas conclusões e avaliar se eu estava ou não fazendo a coisa certa.

Então, eu comecei a experimentar a sucessão de dias, com todas as suas horas, absolutamente sozinho, e tive tempo de sobra para analisar o porquê dessa sensação de euforia quando fui abandonado às minhas próprias forças. A meu ver, a felicidade, a energia e a vontade de estar ali eram provenientes do orgulho de ver que era verdade e que eu estava totalmente comprometido com o projeto. Era verdade que eu queria fazer aquela expedição e que se tratava de algo muito importante na minha vida. Era verdade que eu a considerava uma prioridade fundamental na minha trajetória. Era verdade que eu não fazia isso apenas pelo meu ego, ou por divertimento, ou para obter certo reconhecimento público. Era verdade que eu queria estar ali, na Antártida, no gelo, no deserto branco mais imenso do mundo, com temperaturas e condições tão extremas quanto pouco humanas. Era verdade que eu queria aprender muito com aquela experiência. Era verdade que eu queria aproveitar o caminho e viver naquele local o que ele é e o que significa esse continente gelado. Era verdade que eu almejava percorrer, também, um caminho interior transcendente, muito especial para a minha própria evolução. Era verdade. E eu lhe garanto que, ao ser confrontado com situações tão complexas, nas quais o sofrimento e o risco são extremos, podendo colocar em risco, inclusive, a própria vida, compreender que se está sendo sincero e autêntico consigo mesmo só pode enchê-lo de energia e felicidade.

Estar totalmente comprometido com o projeto significava, também, que valia a pena lutar ao máximo, até onde fosse possível, porque o compromisso não era apenas com o objetivo em si ou comigo mesmo, mas ia muito além. De fato, eu também o devia à minha mulher, que sempre me incentivou a realizar a aventura; à minha equipe de apoio de sete pessoas, que haviam trabalhado intensamente por mais de um ano para tornar essa expedição realidade; aos patrocinadores, que haviam apostado naquela aventura muito dinheiro e esforços de todos os tipos, e também aos seguidores e meios de comunicação em geral, que tinham me oferecido ajuda para promover o desafio. Compromisso e autenticidade são dois fatores essenciais que deveriam sempre fazer parte dos nossos projetos. Com bastante frequência, acontece que entramos em uma empreitada por razões pouco autênticas ou sinceras para nós mesmos, ou decidimos embarcar em projetos com os quais, por várias razões, não conseguimos nos comprometer o suficiente. Por isso, temos que saber que, sem esses dois elementos, dificilmente conseguiremos percorrer a longa e, muitas vezes, difícil estrada que nos separa dos nossos desejos vitais, em qualquer âmbito que seja.

Já era tarde e não fazia sentido avançar nesse dia, portanto só me restava recolher-me de volta à barraca para iniciar a nova etapa bem cedo na manhã seguinte. Mas me custava dizer adeus a aquela paisagem vazia, aquele espaço que permaneceria para sempre, inapagável, na minha memória. O frio estava começando a ser sentido, após tanto tempo dando voltas do lado de fora, sem fazer muita atividade, mas eu queria estender ao máximo o prazer de saborear, ao vivo e diretamente, aquelas sensações contraditórias, mas tão poderosas em todos os sentidos.

Por fim, abri o zíper da barraca e me dispus a preparar a minha primeira refeição solitária, convencido de que para mim já não era o mais importante chegar ou não ao Polo Sul. Agora só queria ir tão longe quanto fosse possível. Eu estava fisicamente bem, tinha o material necessário, e o projeto estava, apesar de tudo, totalmente vivo. Eu tinha a necessidade de saber que estava lutando ao máximo e que me entregaria tanto quanto pudesse a aquele projeto. Sabia que já não ia medir o sucesso pelo fato de ter alcançado o Polo Sul, mas por ter feito tudo o que era necessário para avançar tanto quanto fosse possível. Porque, além de não tentar realizar nossos projetos mais sinceros, o pior fracasso

VIVER PARA SENTIR-SE VIVO

que podemos experimentar é a sensação de ter desistido dos nossos objetivos importantes na vida sem ter lutado de verdade. E, inversamente, se expressarmos por completo nossas próprias habilidades e nos entregamos por completo ao compromisso com os nossos desejos e projetos mais sinceros, mesmo que não consigamos o resultado final desejado, vamos sempre nos orgulhar do nosso comportamento, saberemos que podemos confiar em nós mesmos, aumentaremos a nossa confiança, e teremos aprendido e acumulado uma experiência muito valiosa para as novas metas que proponhamos a nós mesmos mais adiante.

Naquele momento, eu recorri a uma das minhas frases favoritas, dita por Henry Ford: "Há mais pessoas que desistem do que pessoas que fracassam". Eu não queria desistir e, em todo caso, já acreditava ser um êxito considerável o fato de querer lutar e arriscar um fracasso, enquanto perseverava para, passo a passo, pouco a pouco, ir me aproximando do meu objetivo.

BLOCO DE NOTAS

- ✓ Retirar-se de um projeto quando as circunstâncias levam a isso requer tanta ou mais coragem do que continuar lutando.
- ✓ Ainda que você tenha se encontrado em muitas situações tensas e incertas, sempre haverá uma nova na qual você não vai saber muito bem como agir.

✓ Se você não mergulhar fundo, jamais conseguirá o resultado desejado, mas, se você se forçar demais, pode enfrentar um problema realmente sério.

✓ Em situações críticas, a linha que separa os conflitos da mente e do corpo é muito tênue.

✓ Nos momentos realmente importantes da vida, colhemos o que semeamos anteriormente.

✓ Os limites devem ser para nós sempre muito visíveis, estudados e assimilados.

✓ Eu sou um radical no sentido de que procuro ser uma pessoa indagadora nas suas origens, na razão e na necessidade de buscar a essência e as raízes de si mesma.

✓ O radicalismo nos fortalece, nos mantém presos aos nossos princípios, às nossas raízes, para que assim possamos crescer e evoluir.

✓ Em certos momentos, só resta a confiança em si mesmo e a convicção de que vale a pena tentar.

✓ Comprometimento e autenticidade são dois fatores essenciais, radicais, que deveriam sempre fazer parte dos nossos projetos.

✓ Eu sabia que não mediria o sucesso pelo fato de chegar ou não ao Polo Sul, mas por ter feito todo o necessário para avançar tanto quanto fosse possível.

✓ O pior fracasso é a sensação de ter desistido dos nossos objetivos realmente importantes sem que tenhamos nos entregado ao máximo.

CAPÍTULO 6
UMA CORRIDA DE OBSTÁCULOS

Chegar ao Polo Sul foi uma dura corrida de obstáculos. Qualquer projeto intenso e interessante o é. A própria vida é uma dura corrida de obstáculos. Por essa razão, a expedição ao Polo Sul, qualquer projeto especial e a vida em sua totalidade são sempre aventuras muito emocionantes.

Um viva aos obstáculos! Que haja sempre obstáculos no caminho que realmente desejamos seguir, e que eles nos levem em direção ao fim que realmente desejamos alcançar.

No dia 19 de novembro, vigésimo da expedição, tudo começava de novo. As circunstâncias pessoais, a equipe e o planejamento tinham mudado por completo, e eu estava prestes a sair da barraca para iniciar uma etapa realmente diferente.

Experimentando uma estranha sensação de solidão, tão agradável quanto assustadora, com a impossibilidade de trocar qualquer comentário com alguém e a absoluta obrigação de estabelecer as conversas exclusivamente comigo mesmo a partir desse momento, saí da minha casinha com todo o entusiasmo do mundo para guardar o equipamento e começar novamente a caminhada em direção ao sul.

Minha primeira surpresa deveu-se, novamente, ao peso do trenó. Depois de tantos dias consumindo comida e combustível, em vez de diminuir, ele havia aumentado bastante. O peso nesse momento era superior ao de quando começamos a caminhada na baía de Hércules. Naquele dia, nós tínhamos calculado com exatidão 134 quilos, e agora eu estimava que o peso estivesse entre 138 ou 140 quilos. A "criança" tinha crescido por um motivo bem óbvio, já que cada um de nós levava no trenó sua comida, suas roupas e seu material pessoal, mas os outros elementos comuns que compartilhávamos eram distribuídos entre os dois trenós. Por exemplo, eu levava todo o material eletrônico, dois fogareiros, ferramentas, fixações e peles para trocar, enquanto Carles levava a barraca, o kit de primeiros socorros e hastes de substituição. Quando eu fiquei sozinho, tive que carregar em meu trenó o material comum que ficava com Carles.

Além disso, considerando que tínhamos preparado tudo pensando sempre em uma expedição de duas pessoas, alguns elementos não eram de todo adaptados para uma travessia sozinho. Um bom exemplo disso era a barraca, para três pessoas, e muito confortável para mim só quando estava montada: havia muito espaço nela, e eu me sentia como se estivesse em um palacete, mas ela pesava cinco quilos, quase o dobro da barraca que teria usado para ir sozinho. Eu lhe garanto que, quando se passa tantas horas arrastando o trenó, aqueles dois ou três quilos extras são notados.

De qualquer forma, parece que, no fim, uma pessoa se adapta a tudo, e o que conta é ter a vontade e a energia para seguir sempre em frente. Apesar disso, a verdade é que, à medida que eu ia avançando, percebia as enormes dificuldades que, sem dúvida, me esperavam no caminho.

Tantos dias só, no meio do nada, fazem com que você pense em muitas coisas. Algumas são interessantes e significativamente produtivas para a mente, enquanto muitas acabam sendo triviais ou, inclusive, completamente inúteis. Nesta última categoria, eu classifico algo em que refleti durante a longa caminhada: dediquei-me a calcular – estimativa, mas muito aproximadamente – os passos que eu tinha dado em cada etapa. Eu sempre anotava isso no diário de noite, quando registrava todos os números do dia, para evitar que acabasse perdendo as contas e tivesse que recomeçar para ter um cálculo correto. Por fim, somando os dados de todos os dias, o resultado foi que, com uma margem de erro de mais ou menos 5%, tinha dado um total 2.304.400 passos para ir da costa ao Polo Sul geográfico. São muitos passos. Garanto a você que apenas 4 ou 5 mil deles, talvez, foram dados de presente; pelo restante, tive que lutar, um por um, tive que suar, e tive que superá-los um após o outro.

O ponto de partida, na costa antártica, na baía de Hércules, ficava a uma altitude de 75 metros acima do nível do mar, devido ao banco de gelo. O ponto final, no Polo Sul, encontra-se a 2.835 metros de altitude. Por menos excursões ou corridas a pé que alguém já tenha feito, é possível deduzir facilmente que um desnível positivo de 2.760 metros, dividido em um trajeto de 1.152 quilômetros, é quase imperceptível, e poderia até mesmo ser classificado como uma superfície plana. No entanto, eu juro que, quando se leva uma geringonça de mais de 130 quilos presa às costas e caminha por um terreno tão irregular quanto o que ali havia, é possível – às vezes, muito – perceber a subida.

Eu insisto que qualquer percepção de que a Antártida é principalmente plana e lisa é um erro, e

VIVER PARA SENTIR-SE VIVO

resulta em encontrar muitas surpresas na forma de obstáculos conforme você avança. Deixando de lado o desnível positivo, sempre presente, a superfície está cheia de irregularidades de todos os tipos, que vão debilitando bastante a força e a possibilidade de percorrer agilmente os quilômetros.

Um dos piores inconvenientes impostos pelo terreno são os *sastrugis*, acúmulos de neve arrastada pelo vento que continua congelada ou do próprio gelo erodido pelos efeitos do deus Éolo, formando um tipo de ondas de gelo, de todos os tamanhos e formas, onipresentes em grande parte do percurso. É como se, em um dia de mar agitado, congelássemos a água de súbito.

Pouquíssimas vezes se pode avançar em linha reta, e você é obrigado a ir se esquivando, sempre que possível, desses *sastrugis*. Em muitas ocasiões, não é possível evitá-los; a única solução, então, é superá-los. Por mínimas que sejam as protuberâncias no gelo, é necessário um grande esforço para poder puxar o trenó e conseguir superar cada uma dessas ondas geladas. Elas não permitem aproveitar a inércia da caminhada, e é preciso dar empurrões violentos para conseguir isso, com o consequente risco de sofrer uma lesão nas costas que coloque em xeque, inclusive, a continuidade da expedição.

Deve-se levar em consideração que, quando o trenó sobe nesses *sastrugis*, geralmente fica querendo escorregar, o que significa que há atrás de você uma carga de mais de cem quilos que, de repente, dispara em direção às suas pernas. Se eu quisesse evitar esse resultado, deveria começar a correr na mesma velocidade e evitar um forte impacto sobre o calcanhar, mas, enquanto corria, aparecia com frequência outro pequeno ou grande *sastrugi* que freava o trenó em seco, e o tranco violento nas costas estava garantido.

Outro elemento da superfície que afetava consideravelmente a velocidade e o desgaste da caminhada era a neve macia. Sem ser um cálculo exato, eu me atreveria a dizer que, durante mais da metade do percurso, o terreno era macio demais, e por isso a fricção do trenó era máxima, já que a parte de baixo dele tocava o solo, e fazê-lo andar para frente exigia muito mais energia.

Nesse ponto, eu gostaria de esclarecer que, *a priori*, não deveria ser normal encontrar neve macia no meio da Antártida. Esse canto do mundo é um deserto em todos os seus aspectos. Não é um deserto de areia, como aqueles que essa palavra costuma evocar, mas, de um modo tanto ou mais acentuado, apresenta as características próprias de uma área desértica: praticamente não há vida, registra poucas precipitações, e as temperaturas são extremas.

Não existe vida no continente antártico, exceto na área da costa, onde existem animais aquáticos ou aéreos que vivem do mar; podemos afirmar, inclusive, que na região interior há ainda menos vida do que em um deserto de areia. As temperaturas também são radicalmente extremas, ainda que sempre com o sinal negativo na frente, ao contrário do que acontece em muitos dos desertos. E, por fim, o índice de chuva ou neve, no que se refere a esse caso, é bem escasso. Neva na costa, e muito, como pudemos experimentar durante nosso cativeiro de treze dias na barraca, mas no interior as precipitações são muito escassas. De fato, em algumas das áreas por onde eu passei, não nevava há uma ou duas décadas.

Essa característica é algo que eu já sabia antes de iniciar a travessia, por isso me surpreendi tanto quando, estando já em uma altitude muito avançada e com conhecimento de que nessa área não nevava há muitos anos, encontrei a superfície macia, como se a neve tivesse acabado de cair. Na volta, me informei um pouco melhor e obtive as explicações lógicas para esse fenômeno. No fim das contas, era bastante simples: havia neve nova porque o vento a arrastava constantemente, e também porque a falta de umidade e o fato de que nunca se excedeu o zero grau de temperatura resultava que, em muitos lugares, os flocos de neve da camada mais superficial nunca terminaram de se consolidar. Já em casa, me pareceu claro, mas garanto-lhe que mais de uma vez amaldiçoei com todas as minhas forças aquela "neve virgem". Foram tão numerosas e tão prolongadas as ocasiões em que me deparei com esse macio e desconfortável obstáculo que me vi obrigado a aplicar uma fórmula que não costuma falhar: a adversidade deve ser encarada com humor. Assim, em meus esforços para trazer um clima descontraído para a situação, lembro-me especialmente de que muitas vezes recorria a uma anedota muito engraçada do pintor Salvador Dalí, que ocorreu enquanto ele estava em Nova York apresentando uma exposição. Durante sua estadia, convidaram-no para inaugurar outra exposição de um artista americano que fazia esculturas móbiles. Ao sair do museu, e quando os jornalistas pediram sua opinião sobre os móbiles em questão, Dalí disse esta grande frase: "O mínimo que se pode pedir a uma estátua é que ela permaneça quieta, caramba!" Enquanto eu arrastava o trenó que atolava na neve, eu também dizia a mim mesmo que "o mínimo que se pode pedir ao gelo é que ele esteja gelado, caramba!".

Ao meu redor, nunca faltavam obstáculos. Mas as dificuldades também podiam vir de mim mesmo, tanto fisicamente quanto devido a algum problema relacionado ao material.

Montar e desmontar a barraca todo dia era uma coisa muito pesada para mim, e, obviamente, era ainda pior quando o vento soprava. Manipular sozinho aquele conjunto de lonas, cabos e hastes extensíveis não era simples. Com o passar dos dias, fui me adaptando e desenvolvendo um sistema preciso e eficaz para realizar esse processo, mas que sempre envolvia um desafio pequeno que eu devia enfrentar com serenidade e precisão, já que essas rotinas são quando podem ocorrer erros causados por uma simples distração. Eu me preocupava especialmente com tantas operações de montagem e desmontagem realizadas em temperaturas muito baixas, e que, estando normalmente exausto após o dia de caminhada, ansioso para me proteger e descansar o mais rapidamente possível, eu cometesse um erro que resultasse na ruptura dessa lona ou alguma haste da barraca. Qualquer dano importante e irreparável na minha casinha portátil poderia ser um problema sério que afetaria minha comodidade, minha segurança ou a própria continuidade da aventura.

Uma fixação também quebrou, mas por sorte eu tinha mais duas para substituir. Quebrei uma das hastes em uma queda, mas também tinha outras de emergência. Tive um sério contratempo com a placa voltaica, porque o principal cabo de carga se rompeu, e tive que repará-lo quase todos os dias a partir da metade da travessia.

Fisicamente, os obstáculos eram quase sempre provenientes da fadiga extrema e das duras condições climáticas, mas muitas vezes eles também coincidiam com algum problema pontual que sempre dava um bom susto e que, de acordo com a forma como fosse resolvido ou evoluísse, poderia resultar em algo mais ou menos grave.

De todas as dores que, inevitavelmente, apareceram durante uma aventura como aquela, as que mais me atormentaram foram nas costas e nos pés.

Arrastar tantos quilos com um arnês de peito durante uma média de dez horas por dia não é exatamente a melhor maneira de evitar dor nas costas, e, se também adicionarmos o campeonato mundial de evitar e superar *sastrugis*, ou algumas súbitas viradas do trenó, o resultado poderia facilmente ser que eu ficasse completamente destruído e aprisionado a qualquer momento. Felizmente, eu não cheguei a tal nível, mas alguns dias o corpo todo doía e eu tinha a sensação de que poderia sofrer uma lesão que me tiraria do jogo. O risco de danos não existia só durante as horas de caminhada, pois quando eu parava a minha coluna continuava recebendo constantes maus tratos. Para montar e desmontar a barraca, eu tinha que forçá-la; para construir um muro de gelo

VIVER PARA SENTIR-SE VIVO

para me proteger do vento, do gelo, também; para me mover na barraca, idem, assim como para executar qualquer tarefa minimamente ativa nessas condições. Por mais que você tenha treinado, com tal carga muscular e frio constante, você pode acabar pensando que é quase um milagre que a coluna continue inteira até o final.

Também os pés foram um tormento, pois, a partir do quarto dia de caminhada sozinho, apareceram algumas bolhas grandes nos calcanhares. Eu tinha me preparado muito nesse aspecto, já que geralmente compito em inúmeras corridas de longa distância e, durante a temporada anterior em particular, tinha participado em muitas provas de ultrarresistência de vários dias, e acreditava que tinha conseguido endurecer a pele dos pés ao máximo. Entretanto, a força realizada com a parte posterior da bota para arrastar o trenó me causou algumas feridas significativas que, às vezes, doíam muito. Felizmente, naquele canto do mundo faz tanto frio que não existem germes e não se produzem infecções; graças a isso, com o passar dos dias, a pele das bolhas endureceu de novo, e, finalmente, tudo não passou de uma situação ruim superada e não excessivamente inoportuna.

Se eu tivesse que dar algum conselho aos expedicionários em potencial em zonas polares ou outros espaços extremos do mundo, diria que, para conseguir fazer reparos de emergência, levem sempre um pouco de arame bem fino, algumas braçadeiras de plástico e um rolo de fita isolante. Eles me salvaram em inúmeras ocasiões de muitos contratempos relacionados a falhas do material durante minhas aventuras. No entanto, o elemento que eu descobri ser mais útil nessa ocasião foi, justamente, a fita adesiva conhecida como "fita isolante". Eu a usei para fazer umas gambiarras durante a travessia e, especialmente, para curar as feridas dos pés. O esparadrapo não adere bem a essas temperaturas, e a fita isolante se mostrou útil para proteger as feridas com gazes bem fixadas, que evitaram o constante atrito com a bota. Uma vez que os calcanhares estavam bem enfaixados, passava dias sem mexer neles, enquanto nenhuma parte descolasse. Durante anos eu havia utilizado a fita isolante para fixar muitas coisas, mas nunca como uma parte essencial do meu kit de primeiros socorros.

Qualquer besteira poderia resultar em um grande problema, e eu estava sempre em alerta para qualquer possível contratempo. De fato, poucas foram as etapas em que tudo funcionou perfeitamente e não houve nenhuma surpresa para resolver. Mas, no final, você aprende a conviver com essas incertezas e acaba interiorizando perfeitamente que qualquer obstáculo é sempre relativo.

Eu me lembrava com frequência da minha primeira participação no rali Dakar, de moto, no ano de 1998, quando o chefe da equipe era o conhecido ex-piloto Carles Mas. Na segunda etapa por terras marroquinas, quando cheguei ao acampamento, Carles me recebeu perguntando como eu tinha me saído. Disse a ele que tinha dado um golpe muito forte no pé, com uma pedra, e que o dedão estava inchado, dolorido e com uma unha muito preta; que doía horrores e eu estava preocupado que piorasse. Ele me respondeu que, em sua opinião, não era sério; que eu ia dormir, e, se no dia seguinte eu conseguisse colocar a bota e voltar a competir, tudo mudaria. Em seguida, ele disse uma frase que ficou gravada e sempre esteve presente em minhas aventuras posteriores: "Pense que no Dakar sempre vai doer alguma coisa, até que você tenha outra coisa que doa mais." Ele estava coberto de razão. No dia seguinte, eu participei da etapa, e, ao chegar, ele me perguntou como estava o dedo do pé. Eu respondi que nem sentia mais, porque o ombro doía terrivelmente devido a uma queda sofrida na metade do percurso.

Na travessia antártica era exatamente o mesmo. Um dia, eu me preocupava muito com uma dor no calcanhar, e, no dia seguinte, eu tinha outro problema mais importante que me fazia esquecer o sofrimento do dia anterior. Devemos pensar sempre que, se agora nos acontecesse algo mais sério do que o problema anterior, sem dúvida nos despreocuparíamos do primeiro contratempo ou, inclusive, chegaríamos a desejar ter apenas aquele problema, e não o novo, talvez mais importante. Evidentemente, o melhor é que um problema seja solucionado sem que deva ser substituído por outro mais grave, mas, em qualquer caso, devemos estar conscientes de que tudo é relativo. Por isso, quando você se encontrar em situações incertas e complexas, nas quais as dificuldades possam aparecer a qualquer momento e em qualquer lugar, você deve aprender a relativizar os problemas e entender que o mais importante é ter a capacidade de ir resolvendo-os ou suportando-os, e portanto seguir em frente.

Na vida, qualquer caminho interessante, qualquer meta ambiciosa, qualquer desafio enriquecedor será, inevitavelmente, cheio de obstáculos. Quem imagina que será um caminho fácil, plano e sem problemas é um inconsciente ou ignorante, ou simplesmente seu nível de otimismo distorce a sua visão objetiva da realidade. Sempre que desejarmos fazer algo minimamente expansivo em nossa trajetória, teremos que assumir a gestão de muitos contratempos que, com toda certeza, vamos encontrar durante a sua realização.

Por isso, nós não podemos ficar angustiados ou preocupados, especialmente se nos depararmos com um campo cheio de armadilhas ou dificuldades ao avançar em direção ao nosso objetivo. Muito pelo contrário: devemos entender que cada obstáculo é a prova de que estamos fazendo algo realmente valioso, que deve nos ajudar a reafirmar o nosso compromisso e nos manter conectados com o verdadeiro significado de nossa experiência. Muitas vezes, vale a pena acreditar que os problemas não estão lá para nos derrotar, mas justamente para nos fazer melhorar, fazer-nos crescer e ser mais fortes.

Lá, em plena corrida de obstáculos, o conceito que comentamos anteriormente adquire completo sentido. Se alguém não elaborou bem o porquê, será impossível superar todos os obstáculos que vão se apresentando. O impulso que nasce de um motivo realmente assumido, acionado e interiorizado será a força essencial para não sucumbir diante dos *sastrugis*, da neve macia, das gretas, da dor nos pés ou nas costas, das avarias ou dos múltiplos obstáculos que vamos encontrando pelo caminho.

Sempre haverá alguém para dizer que o fator sorte também é determinante para superar os obstáculos que nos são apresentados no caminho; no entanto, de acordo com a minha experiência, enquanto a sorte pode ajudar de vez em quando, é evidente que, em uma soma de muitos contratempos, em uma longa trajetória percorrida, em uma acumulação de situações críticas para administrar, não é a sorte que determina o sucesso ou fracasso. Ou, melhor dizendo, ainda que a sorte tivesse sempre sua voz e seu voto em qualquer situação, se contribuímos com muito esforço e perseverança, sem dúvida encontraremos os meios para nos levar ao objetivo. Temos que transformar a sorte em nossa aliada e, para isso, temos que criar as condições que nos ajudem a atrai-la. Curiosamente, os mais preparados, os que mais trabalham, os que têm mais claro o porquê de seus objetivos e os que estão mais dispostos a se entregar ao máximo para alcançá-los são os que mais sorte acabam tendo em todos os seus objetivos.

BLOCO DE NOTAS

- ✓ Eu tive que lutar por cada um dos 2.304.400 que dei para chegar ao Polo Sul.
- ✓ Na vida, qualquer caminho interessante, qualquer meta ambiciosa ou qualquer desafio enriquecedor estará, infalivelmente, cheio de obstáculos.
- ✓ Em alguns casos específicos, os problemas não estão lá para nos derrotar, mas justamente para nos tornar melhores, fazer--nos crescer e ser mais fortes.

VIVER PARA SENTIR-SE VIVO

✓ Se você não tiver o porquê muito elaborado, será impossível ir superando todos os obstáculos que forem se apresentando.

✓ Temos que transformar a sorte em nossa aliada e, para isso, devemos criar as circunstâncias que nos ajudarão a atraí-la.

✓ Em um trajeto de longa distância, a sorte não define o sucesso ou fracasso.

✓ Os mais lutadores, comprometidos e motivados são os que mais sorte acabam tendo em todos os seus objetivos.

CAPÍTULO 7
O OBJETIVO IMPOSSÍVEL

Eu aposto que, em alguma ocasião, todo mundo já enfrentou algum objetivo ambicioso e o visualizou como algo impossível de alcançar. Esse momento torna-se o ponto crucial de qualquer projeto, pois, dependendo de para que lado penda a nossa percepção das chances reais de sucesso, perseveraremos ao máximo ou invariavelmente desistiremos. Dependendo de como focarmos a nossa atitude em relação às circunstâncias difíceis, dedicaremos todas as nossas energias ao esforço para atingir a meta ou desembocaremos no bem conhecido estágio de buscar desculpas que nos justifiquem frente à nossa desistência.

No dia em que o avião que veio pegar o meu companheiro decolou, já haviam transcorrido dezenove dias de expedição, e só tínhamos conseguido avançar 31 quilômetros. Até minha meta ainda faltavam mais de 1120, e, para mim, acabava sendo muito complicado estimar quantos dias de caminhada aquela distância significava.

Como já disse, a euforia inicial de quando eu fiquei sozinho e ao saber que estava enfrentando uma fase crucial do desafio, depois da mais estrondosa derrota ter passado de raspão, seguiram-se algumas etapas realmente complicadas, nas quais as lesões, a lentidão da caminhada, as dificuldades do terreno e o desespero eram uma constante que dificilmente poderia ser evitada.

Eu estava enfrentando uma das experiências mais extremas que podem ser vividas hoje no nosso planeta, seguindo um roteiro completamente diferente do que tínhamos planejado por muitos meses. Em todas as opções analisadas *a priori*, nunca tínhamos calculado a possibilidade de que um de nós ficasse sozinho. Estávamos convencidos de que conseguiríamos juntos ou abandonaríamos juntos, pois o motivo de desistência seria grave o suficiente para que os dois tivessem que ser resgatados, e em nenhum caso um dos dois membros estaria disposto a ficar isolado, se o companheiro tivesse que desistir.

Eu não era a primeira pessoa que enfrentava sozinha, total ou parcialmente, a travessia da Antártida,

VIVER PARA SENTIR-SE VIVO

mas naquele momento não me ocorreu, nem tive conhecimento depois, se alguém tinha prosseguido sozinho após ter iniciado uma expedição dessa magnitude com outros companheiros. A ideia de fazer uma travessia sozinho sempre me atraiu, mas, pela responsabilidade familiar e por conhecimento dos próprios limites, nunca cheguei a considerá-la. Honestamente, eu sentia um respeito excessivo por uma empreitada dessas características, pelo meu próprio compromisso com o equilíbrio entre riscos e responsabilidades ou garantias pessoais. E ali estava eu, fazendo exatamente o que, mesmo tendo desejado em alguma ocasião, tinha descartado expressamente, por considerar ousado demais. Não podia deixar de pensar que ainda havia algo muito mais difícil do que atravessar a Antártida sozinho: o fato de cruzar a Antártida sozinho sem ter planejado com antecedência, sem ter me preparado nem mentalizado tal desafio. Nesse ponto, imediatamente percebi que eu estava em uma dessas situações em que você acha completamente impossível atingir o objetivo planejado, e enfrentei algumas etapas com um intenso debate entre o sentido e as próprias capacidades para poder lutar até o fim por aquela meta almejada.

Dizem que a sorte sorri aos audaciosos. Se assim for, suponho que uma parte da sorte deveria ser destinada a mim, porque minha atitude claramente era determinada pelo desejo de dar o meu melhor para avançar, avançar e seguir avançando.

Por isso, eu comecei imediatamente a estruturar bem os critérios mentais e a agir para erradicar a visão da palavra "impossível", associada ao meu objetivo de chegar até o Polo Sul partindo da costa e sem receber ajuda externa.

As primeiras medidas tinham que ser simples e, sem dúvida, radicais. Primeiro de tudo, procurei não pensar nos meus filhos. A medida seguinte foi não seguir pensando no objetivo final

Eu amo muitíssimo a minha esposa e os meus filhos. Mas, se com a minha esposa sempre vivemos com naturalidade essa dualidade de vida familiar e desafios extremos, com meus três filhos a coisa é mais complexa de se administrar; a comunicação não é tão sofisticada, e acaba sendo difícil poder ajustar isso perfeitamente em determinados momentos. Eram tão grandes o isolamento em que eu estava, a saudade que sentia dos meus filhos, o desejo absoluto de tê-los ao meu lado, a sensação de culpa que me dominava ao pensar nos potenciais perigos aos quais eu me expunha continuando sozinho, a angústia de saber que, se eu tivesse sucesso – e era isso o que almejava –, não os veria nem no Natal, nem no Ano Novo, nem na Noite de Reis, que o simples fato de pensar neles me tirava todas as energias. Eu estava plenamente consciente de que, se continuasse assim, não me restaria ânimo para enfrentar todos os obstáculos físicos e mentais que me aguardavam pelo caminho. Eu tinha medo de que, em um momento de fraqueza, acabasse jogando a toalha e pressionando o botão do hiperespaço, que poderia me remover imediatamente daquele lugar, para voltar com toda pressa para a minha família e recuperar o calor do lar que estava tão longe até então.

Por essa razão, e de uma forma completamente premeditada, durante as longas horas de caminhada e durante a vida cotidiana na barraca eu tentei ocupar meus pensamentos com coisas que não estivessem associadas a meus filhos. Com a minha esposa, organizamos as ligações por telefone via satélite de modo que eu conseguisse falar com eles a cada quatro ou cinco dias. Só quando eu havia passado do equador da travessia, quando deixei para trás o grau 85 de latitude Sul, pude ir baixando a guarda nesse aspecto e comecei a sentir que o fato de pensar neles, falar com eles e tomar a liberdade de desfrutar do amor deles já não era um motivo que me tirava a energia, mas que voltava a ser uma soma, ou, melhor dizendo, uma multiplicação de energia positiva.

Pode parecer cruel, egoísta e insensível que um pai de três crianças com idades entre sete e onze anos diga que não quer pensar neles como requisito básico para poder ser capaz de avançar em direção a um objetivo pessoal. Talvez esses sejam os adjetivos que eu mereço por essa atitude tão radical, e não tentarei me defender disso. Muito pelo contrário, eu insisto em que, aqui e agora, enquanto escrevo esse texto, muito longe daquela situação crítica, me reafirmo na necessidade de saber se distanciar de certos elementos sentimentais que, embora sejam uma parte essencial da pessoa, não contribuem com nada de útil para ser capaz de enfrentar uma situação particular e, além disso, criam obstáculos adicionais no espaço complexo da própria mente quando se trata de tomar decisões e agir com toda a determinação necessária.

Eu não quis dar mais destaque do que o necessário a essa questão, mas é inegável que nós, que nos dedicamos a explorar os próprios limites vivendo experiências extremas em diferentes lugares especiais do planeta, nos encontramos inevitavelmente em situações de risco evidente. E é nesses momentos que você aprende que não pode se dar ao luxo de que algo o distraia de aplicar suas habilidades ao máximo para superar esse problema potencialmente letal. Em instantes como esses, não se pode pensar nem na família, no trabalho ou no bem-estar que você pode perder, ou no próprio objetivo do projeto que o levou até lá. Nessas situações, você deve ser um fundamentalista da sobrevivência e se concentrar, única e exclusivamente, em fazer o necessário para superar com êxito o obstáculo ou perigo.

Se esse requisito de isolar-se inclusive do que você mais ama se aplica a situações de extremo risco, também tive que recorrer a ele no que diz respeito a manter o foco na parte solo da expedição ao Polo Sul em direção a um objetivo que eu percebera como "possível". Uma das principais medidas que eu tive que tomar para que o marco final não me parecesse inconcebível foi, justamente e embora pareça contraditório, esquecer o objetivo. Quando você se encontra no meio da Antártida, sozinho e desconfiando de suas habilidades, ou quando você está em qualquer situação complexa da vida pessoal, profissional ou esportiva, de nada serve ficar obcecado com o objetivo. Se eu ficasse obcecado demais com o que queria alcançar, a única coisa que poderia obter em troca seria uma situação de bloqueio mental que poderia me levar à desistência imediata.

DE TROFÉU EM TROFÉU

Quando um projeto se encontra em um momento crítico, você deve ter perfeitamente trabalhado e internalizado o objetivo, e não deve pensar em um final que ainda esteja muito distante, pois isso o levaria a considerar tal objetivo como inacessível e esgotaria todas as energias disponíveis. A única solução é, portanto, parar de ficar obcecado pelo final e se concentrar no momento, na etapa seguinte, na próxima dificuldade que você deve superar.

A mil cento e tantos quilômetros do meu destino, com uma situação precária em todos os aspectos, com uma estatística negativa e devastadora do trecho percorrido, com algumas estimativas de duração quase impossíveis de serem realizadas, e com todas as incertezas e perigos imagináveis pela frente, minha confiança nas chances de sucesso teria sido realmente escassa. Por esse motivo, parei de pensar no Polo Sul, em quantos dias seriam necessários para chegar e se eu seria capaz de fazê-lo, e me concentrei no concreto. Para isso, eu dividi o objetivo em etapas. Não confiava muito em mim mesmo para superar quarenta, cinquenta, sessenta ou setenta dias de travessia sozinho, mas tinha, por outro lado, plena fé em mim mesmo para encarar uma etapa de quatro ou cinco dias.

Já há muitos anos pratico atividades extremas e de ultrarresistência em ambientes diferentes, de disciplinas distintas, e já me encontrei em um monte de situações difíceis que duraram entre três dias e uma semana. Com base nessa longa experiência, eu sabia que estava bastante preparado para superar esse tipo

VIVER PARA SENTIR-SE VIVO

de dificuldades durante esse período de tempo. Portanto, eu dividi minha expedição em etapas de quatro dias e já não pensava no final. O Polo Sul não me importava, eu tentava não pensar nisso e me despreocupava por completo do objetivo. Agora, as coisas tinham mudado; agora, eu tinha diante de mim um marco que parecia perfeitamente aceitável. Eu me via capaz de superar o que realmente me importava naquele momento: fazer um turno de quatro dias seguidos. Se eu conseguisse, já seria uma vitória, e eu prometia a mim mesmo um prêmio para celebrá-la.

O troféu para cada um desses sucessos intermediários poderia ser dos mais variados, ainda que sempre, e pelas evidentes limitações, fosse muito modesto. Uma vez, preparei um menu especial feito com a melhor seleção de alimentos liofilizados e embalados a vácuo que carregava. Um caldo, aperitivo, algum embutido, massa à bolonhesa e uma mousse de chocolate como sobremesa, por exemplo, poderia ser um banquete muito especial que alimentava tanto meu corpo quanto o meu espírito, ao me conectar com a satisfação de estar saboreando o que eu tinha me dado como um troféu pela realização daquela etapa. Outro prêmio poderia ser ligar para a minha mãe. Todos os dias eu falava por telefone via satélite com minha esposa e com a base de Union Glacier, para dar minhas coordenadas e atualizar meu status. Exceto por essas chamadas, só falava com algum membro da equipe ou algum meio de comunicação quando necessário. Então, ter como meta a chance de me dedicar uns minutos agradáveis de conversa com a pessoa que me trouxe a este mundo e que, sem dúvida, juntamente de minha esposa, mais pensava em mim e se preocupava comigo era também uma recompensa impressionante ao final da etapa, algo que me recarregava as pilhas rapidamente.

Um terceiro troféu de fim de ciclo foi trocar de cueca. Ainda que possa parecer uma bobeira, isso era muito especial e, ao mesmo tempo, extremamente desejado. Não tenho a intenção de igualar uma conversa com minha amada mãe a uma troca de roupa de baixo, mas garanto a você que, quando só se tem à disposição cinco cuecas para uma expedição de mais de dois meses, sempre que se coloca umas limpas é um grande acontecimento. E, já que a troca dessa vestimenta significa também aproveitar a situação para realizar um pouco de higiene íntima, a operação era tão excepcional como agradecida por um corpo que ansiava por um pouco de mimo depois dos maus tratos físicos que recebia diariamente.

Essa estratégia acabou se tornando a chave para a gestão da minha energia física e mental. Cada dia eu estava mais animado e confiante, pois sempre cumpria meus propósitos. Uma vez concluído cada ciclo de quatro dias, sentia-me totalmente capaz de realizar outro, e isso me permitiu ir somando quilômetros e mais quilômetros sem que o bloqueio de um conceito considerado "impossível" atravessasse pelo meu horizonte Entre trocas de cuecas, ligações para a minha mãe, cardápios especiais e outros pequenos prêmios acumulados, me vi muito adiantado, tendo percorrido mais de oitocentos quilômetros sem duvidar, em qualquer momento, do sentido do meu objetivo ou das minhas habilidades para conseguir atingi-lo, e sem que nunca me passasse pela cabeça o menor pensamento que implicasse abandonar a aventura. A partir daí, eu já podia visualizar novamente a meta final.

Como costuma acontecer na vida, qualquer aventura é longa, complexa, está cheia de obstáculos e implica a superação de muitas etapas. Por isso, devemos estar conscientes de que muitas vezes nos deixamos ser absorvidos pelo projeto global e o objetivo final, e nos esquecemos de administrar cada uma das etapas.

Às vezes, terminamos uma fase em muito mau estado, cansados, decepcionados e preocupados, mas na manhã seguinte iniciamos uma nova fase, com energias renovadas e sem que os problemas do dia anterior nos tenham afetado. Começamos novamente e podemos conseguir.

Mas tenha cuidado, porque também é possível que aconteça o contrário: terminamos um capítulo com muito sucesso, ficamos eufóricos e confiantes na etapa que está para começar, mas no dia seguinte tudo dá errado, e fracassamos miseravelmente.

A vida é uma longa aventura, e a visualização não apenas do sentido global e dos nossos objetivos, mas de cada uma das suas etapas, constitui uma das chaves para atingir algum sucesso ou uma relativa felicidade. E é tão importante gerir adequadamente os bons momentos quanto os ruins.

Quando a situação é complexa, crítica ou decididamente negativa, ela nos permite ser completamente conscientes dos problemas e das dificuldades que vamos encontrando, e essa pode ser a oportunidade de aproveitar ao máximo nossas habilidades, trazer o melhor de nós mesmos, nos conectarmos com a essência dos nossos objetivos, revelar a nossa atitude positiva, lutar e perseverar com todas as nossas forças.

No entanto, é justamente diante de qualquer situação positiva e bem-sucedida que devemos nos mostrar mais inteligentes e eficazes na gestão da nossa atitude. Nesses momentos, podemos perder a consciência dos potenciais problemas, e devemos prever possíveis complicações, antecipar situações críticas, não nos acomodarmos, deixando de trabalhar ao máximo nossas habilidades, e perceber que o excesso de confiança pode ser também um mau companheiro; temos que minimizar a sensação de euforia, que pode distorcer a nossa visão da realidade.

Qualquer que seja a etapa da aventura de vida em que nos encontramos, devemos usá-la como uma plataforma de lançamento para avançar em direção a um novo período mais enriquecedor e expansivo, qualquer que seja o resultado. Se a etapa percorrida tiver sido muito positiva, devemos ter cuidado para não nos acomodarmos nem baixar a guarda; se tiver sido negativa, devemos procurar não criar bloqueios, não desanimar e confiar em nós mesmos para a próxima.

Quando as incertezas do ambiente nos afetam em todos os níveis e nos levam a questionar a nossa possibilidade de avançar nos projetos que planejamos na vida, não nos resta mais nada a não ser nos concentrarmos no que podemos controlar, no que não depende do ambiente, mas está dentro de nós e em nossas habilidades. Nós não podemos controlar o incerto, mas podemos trabalhar física e mentalmente para converter em certo o que só depende de nós mesmos.

BLOCO DE NOTAS

✓ Em qualquer objetivo ambicioso de nossa vida, há um momento em que o encaramos como se fosse impossível de alcançar.

- ✓ É preciso saber se afastar de certos elementos sentimentais que em nada contribuem em uma situação complexa.
- ✓ Em momentos críticos, você não pode deixar que nada o distraia da tarefa de aproveitar o máximo de suas habilidades.
- ✓ Em situações extremas, você deve ser um fundamentalista da sobrevivência e se concentrar em superar cada obstáculo.
- ✓ Quando o objetivo parece inconcebível, a única solução é deixar de pensar no fim para se concentrar no hoje, na etapa seguinte.
- ✓ Como costuma acontecer na vida, qualquer aventura é longa, complexa, está cheia de obstáculos e implica a superação de muitas etapas.
- ✓ Em todo projeto é importante administrar adequadamente tanto os momentos bons quanto os maus.
- ✓ Nós não podemos controlar o incerto, mas podemos trabalhar física e mentalmente para converter em certo o que só depende de nós mesmos.
- ✓ Qualquer que seja a etapa da vida em que nos encontramos, ela deve ser uma plataforma para avançar em direção a um novo período mais enriquecedor e expansivo.
- ✓ Se a etapa percorrida tiver sido muito positiva, devemos ter cuidado para não nos acomodarmos.
- ✓ Se a etapa percorrida tiver sido negativa, devemos procurar não criar bloqueios, não desanimar e confiar em nós mesmos para a próxima etapa.

CAPÍTULO 8
A GESTÃO DOS LIMITES

> *Do meu ponto de vista, tem-se banalizado em excesso o conceito dos limites quando se trata de enfrentar desafios. Às vezes, passamos de dizer ou pensar que determinado projeto não é possível a dizer ou pensar que tudo o que nos propomos é possível se acreditarmos. E a primeira abordagem me parece tão errada quanto a segunda.*

Quando você planeja uma aventura como a de cruzar a Antártida até o Polo Sul, fica muito claro que você não apenas encontrará obstáculos complicados, mas também enfrentará perigos que exigirão que você assuma riscos importantes e, às vezes, com possíveis consequências fatais.

Mas acontece sempre que você percebe muito mais perigos quando está longe da ação em si do que quando está inserido nela. Só o conhecimento próximo e real da situação nos faz considerar, de maneira clara e objetiva, os riscos verdadeiros. A grande maioria dos medos que geralmente nos cercam quando pensamos ou planejamos algum projeto interessante provêm mais do desconhecimento do que do desafio em si.

Ainda que, em outras aventuras que eu realizei, o máximo esforço e o risco extremo sejam muito mais visíveis, estando mais localizados e concentrados em trechos e momentos determinados, a Antártida engloba uma lista de perigos muito ampla e, muitas vezes, escondida sob uma falsa aparência de tranquilidade e controle.

Escalar um pico de 8 mil metros, por exemplo, exige que se assuma um risco e um esforço extremos em alguns momentos muito específicos, como o dia de alcançar o topo, o momento de superar os trechos particularmente difíceis ou perigosos da montanha etc., mas, exceto por essas situações ou espaços de tempo tão específicos, desfruta-se da maior parte da expedição de uma forma segura e relativamente confortável. Por outro lado, uma travessia polar não apresenta uma concentração tão clara de ambos os aspectos, mas os incorpora de um modo mais diluído, embora igualmente complexo, durante um período de tempo bem amplo. Nos 67 dias de duração da travessia, eu tive que me manter plenamente consciente, a todo instante, das circunstâncias em que me encontrava e do meu estado pessoal, tanto físico como mental, no que diz respeito a essa situação. Como costuma ocorrer em qualquer aventura, eu tinha que ser capaz de assumir os próprios limites e fazê-lo em relação ao ambiente.

Durante os dias que passamos confinados na barraca, mantivemos um debate permanente sobre se valia ou não a pena o risco de sair e tentar avançar. E justamente naquela fase do projeto, quando éramos dois, a gestão desse limite e o planejamento dessas decisões implicavam uma maior complexidade do que quando isso é feito individualmente, pois, em certas situações, onde se planta a bandeira vermelha varia muito de uma pessoa para outra.

Durante o decorrer de toda a travessia, cada ação realizada do lado de fora da barraca envolvia um perigo extremo de congelamento e requeria a maximização das precauções para cada movimento mínimo. Eu tinha que sempre usar toda a minha atenção para fazer qualquer coisa. A maioria dos acidentes, nas montanhas ou nas aventuras em geral, acontecem por excesso de confiança ou por erros nas operações cotidianas. A temperaturas que oscilam entre -10 e -45 graus centígrados, com ventos muito fortes, e estando sozinho a maior parte do tempo, qualquer questão era complicada: ir ao banheiro, montar a barraca, comer uma barrinha energética, colocar bem a máscara etc. eram operações de precisão máxima; a simples ação de tirar a luva por alguns momentos para comer alguma coisa, tirar uma foto ou manipular algum objeto durante a caminhada poderia ser perigosa se eu me distraísse e o vento levasse o que eu tinha em mãos. Tais ações, na companhia de alguém, não seriam graves, porque um ajudaria o outro a pegar, por exemplo, outra luva no trenó, depois de ter procurado que as mãos ficassem protegidas pela roupa; mas, quando me vi sozinho, a coisa poderia acarretar diretamente um processo de congelamento bem perigoso.

De fato, ali, algo tão banal quanto desmaiar ou perder a consciência poderia ser letal. Esse era um aspecto com o qual, em teoria, eu não estava muito preocupado, para não dizer nem um pouco, até que um dia, sentindo-me mais fraco do que o habitual, eu me desequilibrei em diferentes ocasiões, sentindo algo como uma leve tontura passageira. Isso realmente me assustou, pois eu via que, estando sozinho, se em algum momento eu acabasse perdendo a consciência, poderia ficar completamente congelado pouco tempo depois de cair.

Até mesmo um risco passivo poderia ser muito problemático naquelas circunstâncias. Um infarto, uma peritonite ou outro problema de saúde complicado que ocorresse subitamente poderia ser muito grave, uma vez que um resgate só poderia ser realizado se as condições de vento e visibilidade fossem ótimas. O tempo médio de um resgate é de três a quatro dias, e isso significa que, se você tiver um problema grave, a possibilidade de ser resgatado com a urgência necessária é uma pura questão de loteria.

SOBRE OS PERIGOS DE UM GELO LETAL

O principal dos maiores e mais evidentes perigos é o problema das gretas. Elas não existem constantemente durante o trajeto, pois só se encontram em torno de 10% da travessia. Mas isso implica ter que se desviar de zonas de gretas durante mais de cem quilômetros ao longo de toda a expedição.

Com a informação que tínhamos acumulado graças aos dados fornecidos pelo Instituto Polar da Noruega e os mapas da base de Union Glacier, tínhamos bem situadas as principais zonas de gretas. Avançando sozinho por aquelas terras, eu ampliava ao máximo a zona de segurança que me desse a tranquilidade de superá-las com sucesso.

Cair em uma greta é sempre extremamente perigoso, mas, se você estiver sozinho, quase sempre isso será letal.

No geral, eu me desviei muito bem delas, mas, em uma certa ocasião, um erro de navegação me levou a adentrar por completo uma zona cheia de de gretas. Era exatamente dia 24 de dezembro; durante todo o dia de caminhada, não se via nada por causa de uma espessa neblina que nunca subia, e por isso eu me desviei um pouco em direção ao oeste. Eu já havia completado oito das dez horas de caminhada planejadas quando comecei a passar por cima de umas pequenas gretas, com no máximo um palmo de largura e que eu poderia superar perfeitamente com os esquis e o trenó. No entanto, elas começaram a aumentar em número e tamanho, e eu comecei a me preocupar seriamente ao suspeitar de que havia errado e estava no lugar que o mapa marcava como de máximo perigo, que deveria ser evitado a todo custo. Considerando que eu não enxergava absolutamente nada, o meu medo foi aumentando, sem contar que eu tinha também vontade de terminar logo para poder celebrar a véspera de Natal do meu jeito e falar com toda a família. Assim, decidi montar a barraca, esperar e ver o panorama geral na manhã seguinte.

Quando minha casinha particular estava montada, e enquanto eu pegava blocos de neve e gelo para construir uns pequenos muros de proteção lateral, abri com a pá uma nova greta, que ia na direção da barraca. Não era muito grande, de uns dez cen-

VIVER PARA SENTIR-SE VIVO

tímetros de largura, e, depois de realizar as verificações necessárias, finalmente decidi que tudo era seguro o suficiente para evitar ter que mudar o meu abrigo de lugar. Passei, portanto, a véspera de Natal dormindo sobre uma greta, apesar de estar ciente de que, nessa latitude, teria abaixo de mim cerca de 2.500 metros de gelo puro antes de encontrar a superfície continental.

O dia amanheceu esplêndido, sem vento, com sol e uma visibilidade perfeita. Essas eram as boas notícias. A má era que justamente a visibilidade excelente me permitiu perceber que eu tinha me metido em uma enrascada enorme. De fato, eu tinha ido parar na zona marcada como instável e cheia de gretas, um território que deveria ter evitado. Com o coração na mão e ainda se tratando do dia de Natal, quando você está inevitavelmente mais sensível por causa da saudade da família, que se faz notar com mais força, eu levantei acampamento e decidi iniciar uma etapa crítica, pois estava literalmente no limite e não tinha escolha além de resolver o problema.

Não ocorre com tanta frequência como a maioria das pessoas acredita, mas, em algumas raras ocasiões nas quais você está em uma aventura extrema, há situações ou momentos em que o único objetivo é reduzido à sobrevivência pura, e tudo o que você deseja é chegar vivo até o anoitecer. Quando você está ciente de tal circunstância, deve significar que você está muito próximo do limite, não é?

Esse dia foi horrível para mim. Demorei umas quatro horas para sair daquele labirinto mortal e encontrar-me novamente em uma área segura. Eu me desviava das gretas que podia, mas, inevitavelmente, tive que atravessar algumas. Era fácil identificá-las, embora quase sempre — e especialmente as maiores — estivessem cheias de neve. No entanto, eu nunca sabia se aquela neve era ou não sólida o bastante, se suportaria o meu peso e o do trenó; se seria um passo seguro ou uma tênue camada que poderia ceder a qualquer momento, jogando-me sem perdão para as entranhas do gelo.

É claro que, se agora você está lendo isto, é porque naquele 25 de dezembro de 2011 meu presente de Natal veio sob a forma de um pacote muito bem embrulhado que, uma vez aberto, continha um grande cartão escrito em caligrafia elegante e que dizia "vida". Apesar de ser apenas uma composição de quatro letras, esse presente é um daqueles que devem ser valorizados para sempre e relidos com frequência. Você deve estar consciente, em qualquer momento, de que gerir os limites sempre será a chave para poder avançar por uma vida intensa e interessante.

Nos últimos tempos, criou-se uma espécie de corrente, ou de moda, que abusa do positivismo no foco de qualquer projeto em geral e esportivo em específico. Abusa-se de expressões cujo núcleo conceitual consiste em que é possível alcançar tudo ao que você se propõe, que não há limites, que você pode conseguir tudo, que deve-se viver intensamente o momento sem se preocupar com o dia de amanhã etc. Ser positivo, otimista e entusiasta nas ações às quais você se propõe é sempre bom, mas sem exagero: também devemos ser realistas e levar em conta que tudo é mais sério e complexo do que nós às vezes podemos pensar. Não podemos nos esquecer de que, quando alguém teve sucesso em algo e aconselha aos outros que "qualquer coisa a que você se propõe é possível", sempre se esquece de mencionar as vezes em que ele não pôde, as vezes em que fracassou. Sem dúvida muitos outros tentaram exatamente isso ou algo semelhante anteriormente e não conseguiram, ou, ainda mais, ao tentar superar seus limites naquele desafio em particular, perderam a chance de explicar isso logo, simplesmente porque eles já não estavam neste mundo para fazê-lo.

Não podemos nos permitir tratar de forma superficial e pouco responsável as questões verdadeiramente importantes em nossa vida quando o risco, o compromisso e o efeito que elas geram ao nosso redor são significativos.

Não vou abordar aqui os limites físicos ou de esforço que um determinado projeto esportivo ou de outro tipo pode exigir, pois esse é um dos aspectos mais discutidos pela literatura sobre temas de superação. É claro que, com uma atitude perseverante e lutadora, uma pessoa é capaz de estabelecer seus limites teóricos muito além do que pareceria normal. E é quase óbvio que, trabalhando muito, e mantendo uma atitude positiva e confiante consigo mesmo, as próprias habilidades podem multiplicar-se, e acaba sendo incrível o que podemos chegar a fazer.

Sou, naturalmente, um defensor entusiasta da atitude ativa e de que todos podem desenvolver na vida metas ambiciosas no campo que for. Mas, para fazê-lo, para sermos capazes de enfrentar as coisas realmente importantes na nossa trajetória, muito além do fator de esforço e de sofrimento físico ou mental, será sempre necessário saber determinar muito bem quais são os nossos limites e como devemos encará-los.

Viver é sempre uma ação que envolve riscos, e, por pura lógica, viver intensamente envolve mais risco ainda. Seguindo com essa reflexão tão básica, se quisermos reduzir ao máximo os riscos, devemos deixar de lado as expectativas de intensidade e minimizar, na medida do possível, a ação de viver,

Viver para sentir-se vivo

mantendo-nos o máximo possível em nossa zona de conforto e segurança.

Felizmente, nós somos pessoas livres, e temos a capacidade de decidir qual atitude queremos adotar em nossa existência e em nossos projetos em relação à gestão dos limites.

Contudo, devemos ter em mente que sempre existem limites. Aquele que disser que "não" deve ser um teórico puramente provocador, que sempre se limita a olhar as coisas da arquibancada, sem nunca saltar para o campo e jogar, ou alguém que não tem valor algum que o faça plantar a bandeira vermelha, ou alguém que nunca fez coisas que implicassem verdadeiro compromisso e risco na sua vida. É claro que os limites não são definidos apenas pelos esforços, sacrifícios ou riscos inerentes a um determinado projeto; os limites também são estabelecidos a partir dos nossos valores, nossas relações, nossa responsabilidade. Em cada caso, a gestão dos limites deve ser sólida e consistente com o nosso próprio projeto fundamental, caso contrário, mesmo que triunfemos em uma empreitada específica, talvez tenha sido à custa de ultrapassar alguns extremos que podem significar o mais estrondoso fracasso no nosso equilíbrio global.

Quando ouvimos a expressão "não há limites", a que será que isso se refere? Talvez que qualquer coisa vale para atingir o objetivo? Eu nunca escalaria uma montanha ou faria alguma atividade que envolvesse algum risco fatal com uma pessoa que tivesse essa filosofia como base para realizar seus projetos. De fato, eu gostaria de pensar que não estou disposto a realizar qualquer projeto com uma pessoa que se definida como estando acima dos limites.

A grosso modo, eu diria que a gestão dos limites se enquadra, no mínimo, em três eixos importantes.

ASSUMIR OU NÃO UM RISCO

O risco de vida, ou físico, ou de perder coisas tangíveis é, normalmente, o mais evidente e o que as pessoas percebem em primeiro lugar, embora não devesse ser sempre o principal. Mas está claro que ele é uma parte essencial do planejamento de qualquer desafio.

O medo do fracasso, de perder determinados bens, de sofrer algum dano físico ou mesmo de perder a vida são fatores que costumam desencorajar muitas aventuras esportivas, pessoais, sociais ou profissionais. O que distingue as pessoas corajosas, as que vão em direção ao sucesso, as que vivem conforme seus princípios, é a disposição para correr riscos quando se tem um objetivo prioritário na vida.

VIVER PARA SENTIR-SE VIVO

Se uma pessoa quer aumentar a segurança ao extremo de, na gestão dos seus limites de risco, optar por colocar a linha muito próxima de zero, nada nunca acontecerá com ela. Embora ela tenha cuidado, nunca vai acontecer nada de ruim, mas também nada de bom. Você estará tranquilo, seguro, confortável, mas vai desistir das emoções, da criatividade, da inovação, da mudança, de descobrir novos horizontes, de realizar projetos emocionantes, de viver de verdade e com toda plenitude. Você terá uma vida estável, mas dominada pela extrema covardia, e eu duvido se, ao final dos seus dias, você se sentirá especialmente orgulhoso de ter se deixado dominar, durante toda a vida, por essa atitude tão passiva. Já foi estudado, a partir de entrevistas realizadas com pessoas que estavam muito perto dos seus momentos terminais; nos instantes finais, a maioria concorda que se arrepende de duas coisas: em uma parte, de não ter resolvido questões pendentes com entes queridos, e em outra, de não ter se arriscado mais para fazer o que queria.

Por outro lado, se você colocar a linha de limite de risco longe demais ou, inclusive, se recusar a delimitá-la em um ponto específico, sem dúvida você fará coisas muito expansivas, mas apenas enquanto a sorte permitir que você não caia na armadilha de não ter calculado bem suas habilidades e não ter adentrado a zona de perigo que deveria acionar algum alarme destinado a tomar a decisão de dizer "basta" e voltar.

Cada um terá que desenvolver seu método para identificar, controlar e enfrentar os riscos, e terá que ser muito disciplinado com seu sistema, porque disso vai depender o sucesso ou fracasso do que se está realizando. Dominar a sutil arte de saber quando você deve dar um passo para trás e esperar, ou quando convém arriscar e agir a fundo, é um dos valores mais importantes de todos aqueles que desejam liderar algo. Pois é na gestão desses momentos realmente críticos que a maioria das pessoas falham.

Na gestão do equilíbrio entre esses dois pontos do limiar de riscos assumidos está a fórmula secreta que permite realizar com sucesso qualquer projeto, qualquer aventura, qualquer experiência de vida.

OS VALORES ESCOLHIDOS

Mas convém não esquecer que, como seres humanos e sociais, os limites também se apoiam em nossos princípios, em nossa atitude ética. Portanto, outro dos eixos de gestão dos limites estará na linha dos valores escolhidos. Em qualquer desafio, há muitas maneiras de ir em direção ao sucesso final, e nesse caminho podem ser inseridos — ou não — certos parâmetros éticos ou de compromissos pessoais. Evidentemente, quanto mais livre alguém estiver de qualquer princípio, mais liberdade terá para lutar por determinado objetivo. Mas é necessário cuidado nesse aspecto, uma vez que o "vale tudo" não é uma fórmula para o sucesso adequada em caso algum.

Como eu disse, a elaboração do projeto constitui parte do caminho em direção à grande aventura de sua própria vida. Ao final, tudo fará parte do nosso crescimento pessoal, de nossa evolução, do conjunto e o valor da nossa existência. De que serviria, então, ter alcançado determinados resultados, se sabemos que eles foram conseguidos sem a aplicação de qualquer critério de compromisso pessoal com determinados valores e certas maneiras de compreender o mundo? Se você elabora uma empreitada, será que vale tudo para conseguir benefícios? Se você deseja realizar uma aventura, será que vale tudo para chegar ao objetivo? Se você pratica um esporte, será que vale tudo para obter um determinado resultado?

É difícil ser perfeito em algo, mas o mais importante é que nos comprometamos com essa ética ou esses valores próprios ao realizar uma atividade. Aqui, cada um terá seu próprio valor, e não valem os discursos morais ou apelar para verdades dogmáticas teóricas que indiquem quais são os valores corretos ao agir. Felizmente, estamos em sociedades muito livres, nas quais há muita informação, muita cultura e uma trajetória de civilização com bastante contraste, como para que alguém minimamente inteligente pudesse compor seus princípios e seus limites com o rigor adequado.

Só posso falar dos limites que eu me imponho na gestão dos valores nos meus projetos esportivos ou de aventura, e eu não sei se eles são os melhores ou, até mesmo, se são apenas suficientes. Pelo menos para mim, eles constituem um ponto importante de reflexão, de compromisso em meu modo de agir e, também, um ponto de análise e referência ao considerar novos marcos ou propósitos, e em relação aos conceitos que eu terei que divulgar a partir das minhas aventuras.

Apenas um pequeno exemplo desse eixo. No nível esportivo, eu renuncio a qualquer sistema de *doping* ou ajuda artificial para obter melhor rendimento. Felizmente, eu não tenho que ganhar nenhuma medalha olímpica nem bater qualquer recorde mundial, e posso evitar a pressão da alta competição. Os desafios aos quais me proponho no âmbito da aventura ou resistência obedecem, como parâmetro fundamental, ao propósito de atingir o limite que minha própria condição física me permite.

Como eu disse antes, não pretendo ser um exemplo de perfeição nem nesse nem em qualquer outro aspecto, mas sim de compromisso para alcançar uma meta; é por isso que devo dizer que eu tenho nesse sentido um claro remorso por não ter chegado a esse limite em uma ocasião: 17 de maio de 2010 eu escalei o Everest, e para isso utilizei no trecho final, a partir do Colo Sul, a 8 mil metros, a ajuda de oxigênio artificial. Minha intenção era chegar ao topo sem usar esse auxílio, mas, realmente, uma vez lá, eu não me vi capaz de alcançar lá em cima naquele momento e permiti a ajuda de um elemento geralmente aceito àquela altitude extrema pela grande maioria da comunidade alpinista, embora não deixe de ser uma falha no compromisso comigo mesmo que logo me fez aprender e refletir muito. Não sei se eu estava certo ou errado, mas esse fato me ajudou a fortalecer ainda mais meu compromisso.

Outro exemplo é que eu exijo de mim também limites importantes na minha relação com o meio ambiente. Ou seja, tanto na manutenção e preservação dos ambientes onde pratico as atividades de aventura como na vontade de sempre realizar atividades que tenham um propósito que exceda o prazer pessoal e sirvam para incentivar e promover medidas destinadas à obtenção de benefícios para o planeta. Eu cheguei a incorporar isso não só nas aventuras, mas também em minha vertente mais profissional.

A relação da gestão dos limites com os valores é muito importante, porque nesse ponto não se trata de colocar em risco a vida ou uma imagem de sucesso, nem dinheiro, bens materiais ou bem-estar; aqui apostamos muito mais. O que está em jogo é a sensação de orgulho de nós mesmos, do que fazemos, do que conseguimos e de como conseguimos. O que está em jogo é algo mais importante do que a vida: é o sentido dela, que tem muito mais peso. Todo mundo sabe, mais ou menos, viver, mas viver com sentido e certa coerência é verdadeiramente o grande desafio de qualquer pessoa.

RESPEITO AO AMBIENTE VITAL

O terceiro dos eixos de gestão de limites que eu considero importante levar em consideração, pelo menos no meu caso, insisto, é o que transcende o próprio indivíduo, dirigindo-se ao nosso ambiente relacional e à responsabilidade para com os outros.

Sempre que embarcamos em um projeto, decidimos e nos concentramos do ponto de vista pessoal para chegar a determinado objetivo. Mas também devemos ter em mente que existem relações pessoais, familiares, profissionais ou sociais que, de um modo ou de outro, serão afetadas pela evolução do projeto.

VIVER PARA SENTIR-SE VIVO

É claro que quem realiza um projeto pessoal poderoso geralmente tem, também, um ego proeminente, mas justamente por isso é importante delimitar bem até onde chega esse ego e como ele pode ser gerido para que se converta mais em amor-próprio ou autoestima do que em egoísmo.

Sem dúvida, o que conseguimos com nossas ações é importante, mas também é de igual ou maior valor "de onde" conseguimos isso, onde colocamos o eixo, as raízes, nossos princípios radicais, seja em uma comunidade, um ambiente social, familiar ou institucional, ou grupo similar.

Também nesse ponto, se não houver limite algum, cada pessoa será mais livre e conseguirá obter determinados objetivos mais facilmente, mas mesmo assim pode ocorrer que, como dissemos no caso dos valores, alcançar determinados marcos a qualquer preço, nesse caso no âmbito das relações, pode nos acarretar um grande fracasso no balanço geral.

Os aventureiros, como todos aqueles que perseguem grandes sonhos, costumam ter uma confiança e determinação pessoal muito acentuadas, e por essa razão a gestão do limite relacional deveria ser prioritária. Do contrário, correm o risco de arrastar pelo caminho muitas pessoas de seu ambiente imediato e desenvolver até tal ponto o individualismo que, no final, se tornem reizinhos de um território de triste solidão, onde muitas pessoas os aplaudam de fora, mas que na realidade estará vazio.

REIVINDICAÇÃO DOS LIMITES

Assim, reivindico aqui que devemos ser muito ambiciosos, ousados, corajosos, atrevidos, expansivos, apaixonados e estar dispostos a lutar para tornar realidade todos os projetos que formos capazes de imaginar; e, ao mesmo tempo, temos que eliminar os conceitos que nos fazem acreditar que não existem limites. Muito pelo contrário: nós devemos identificá-los, integrá-los em nossas fortalezas, convertê-los em aliados e nos impor outros que realcem ainda mais o valor de nossas aventuras.

Qualquer pessoa que entenda a vida como uma aventura que vale a pena viver, que queira ser o roteirista e o ator principal em seu filme, que entenda que deve lutar para realizar seus projetos, demonstra que tem uma atitude proativa e um caráter empreendedor destinado à liderança. Tais pessoas têm a grande virtude de não se conformarem em permanecer na arquibancada, julgando; preferem, em vez disso, estar no campo de jogo, atuando. Por isso deveriam assumir um ponto extra de responsabilidade e dar muita importância ao triângulo de gestão de limites que definimos: o equilíbrio entre o risco e a prudência, o compromisso com certos valores e o respeito, a responsabilidade e a interrelação com o ambiente. Desse modo, o resultado dos nossos projetos se multiplicará, servindo já não só como exemplo de perseverança, esforço e determinação, mas também como um modelo de liderança próspero e consciente que vá além de um mero objetivo individual.

BLOCO DE NOTAS

- ✓ Tem-se banalizado em excesso o conceito de limites, e passamos de pensar que um projeto é impossível a dizer que tudo é possível.
- ✓ Percebem-se muito mais perigos quando se está longe da ação em si do que quando se está totalmente envolvido nela.
- ✓ Só o conhecimento próximo e real da situação permite compreender os verdadeiros riscos envolvidos.
- ✓ Em qualquer aventura, deve-se gerir seus próprios limites em relação ao ambiente e às circunstâncias que o rodeiam.
- ✓ A delimitação dos limites varia muito de uma pessoa para outra em determinadas situações.
- ✓ Em uma aventura extrema, há situações em que o único objetivo resume-se à pura sobrevivência.
- ✓ Sempre há limites.
- ✓ Os limites também são estabelecidos com base nos nossos valores, nossas relações e nossa responsabilidade.

- ✓ Eu não inicio nenhum tipo de projeto com alguém que se define como estando acima dos limites.
- ✓ O medo do fracasso costuma desencorajar muitos projetos.
- ✓ O que distingue as pessoas corajosas é a disposição em correr riscos quando se tem um objetivo prioritário na vida.
- ✓ Cada pessoa terá que ser muito disciplinada com seu próprio sistema para gerir os riscos, porque disso vai depender o sucesso ou fracasso do que ela está realizando.
- ✓ Os limites também se apoiam em nossa atitude ética.
- ✓ O "vale tudo" não é uma fórmula para o sucesso adequada em caso algum.
- ✓ Obter um sucesso a qualquer preço pode implicar um grande fracasso no balanço geral.
- ✓ Na gestão dos limites nos julgamos estar ou não orgulhosos de nós mesmos.
- ✓ Todo mundo sabe, mais ou menos, viver, mas viver com sentido e certa coerência é o verdadeiro grande desafio de qualquer pessoa.
- ✓ Em um projeto, é importante gerir nosso ego para que ele se converta mais em amor-próprio ou autoestima do que em egoísmo.
- ✓ Os que perseguem grandes sonhos correm o risco de desenvolver tanto a parte individual que acabem sendo reis de um território de triste solidão.

VIVER PARA SENTIR-SE VIVO

✓ Os líderes devem assumir um ponto extra de responsabilidade e priorizar a gestão dos limites, tanto para si mesmos como para o ambiente.

✓ Além de criarmos um exemplo de perseverança, nós deveríamos aspirar a ser um modelo de liderança próspero e consciente, que ultrapasse um mero objetivo individual.

CAPÍTULO 9
A TRAVESSIA DOS SENTIDOS

A Antártida tem uma superfície de 14 milhões de quilômetros quadrados, sem contar o gelo que a rodeia, que no inverno pode alcançar o dobro de extensão. Desse modo, sem levar em consideração a água congelada, seria o segundo maior país do mundo, depois da Rússia.
Só na costa há vida animal, no interior não vive absolutamente nada. Como é evidente, não há nenhuma comunidade humana nativa, e só as poucas bases científicas instaladas em seu território são habitadas; algumas são permanentes e outras estão abertas apenas durante a temporada de verão austral, entre o final de outubro e o início de fevereiro. E lá estava eu, um Albert Bosch afastado de tudo, arrastando lentamente um trenó pesado no qual transportava tudo que me parecia necessário naquela imensidão branca.

ALBERT BOSCH

Desde as três da tarde do dia 17 de novembro de 2011, quando decolou o avião que tinha buscado o meu companheiro de expedição, até as três da tarde do dia 4 de janeiro de 2012, quando cheguei ao Polo Sul geográfico, passaram-se 48 dias.

Durante esse tempo, permaneci imerso em uma solidão radical e absoluta. Não vi pessoas nem animais de qualquer classe, nem paisagens além do branco infinito e da linha do horizonte, exceto pela cordilheira Ellsworth, durante os primeiros dias, e as montanhas de Thiel, durante quatro jornadas já na metade do caminho. Tudo era sempre igual, imenso, monótono, infinito, extremo, precioso, inebriante, único, especial, sobretudo muito especial. E aquela era uma sensação de solidão que se intensificava ainda mais quando, além da visão, era captada também através de todos os outros sentidos.

Durante a travessia, não se ouvia barulho algum, exceto pelo vento, que soprava com bastante frequência. Nos primeiros dias, quando eu e Carles permanecíamos confinados na barraca, a ventania quase sempre era intensa, mas, às vezes, quando cessava de repente, acordávamos assustados, porque era acusticamente muito violento passar a um silêncio tão absoluto, ao qual ainda não estávamos acostumados. Quando o vendaval não soprava, o silêncio era tão radical, tão extremo, tão imponente, que produzia

Viver para sentir-se vivo

uma sensação muito estranha, à qual devíamos nos adaptar pouco a pouco. Era como se, de repente, o espaço estivesse cheio de nada, cheio de um vazio muito consistente, de algo que no dicionário é chamado de "silêncio", mas que quase nunca temos a chance de experimentar verdadeiramente. No mundo normal, sempre há algum som que, embora não nos pareça, faz parte do ambiente; além do ruído normal de carros, pessoas, fábricas ou outras coisas, sempre uma folha se move, um mosquito voa ou a água corre em um rio. Poucas vezes eu havia notado quão poderoso pode ser o silêncio, e eu descobri isso lá, aproveitando-o por muitíssimas horas.

Também não havia cheiro algum. A Antártida é tão asséptica que nunca se sente o cheiro de nada. A ausência de vida orgânica impede que se difunda qualquer emanação particular. Da mesma forma como o vento interrompia o silêncio, a ausência de odores só era alterada pelos meus próprios eflúvios ou de algum alimento que eu tivesse acabado de cozinhar. E, assim como passar do vento intenso ao silêncio total podia chegar a me assustar, também nesse caso eu devia ser cuidadoso e não morrer de susto ao passar da ausência de odor à fetidez letal que podia surgir do meu saco de dormir após ter incubado nele por semanas e semanas sem que tivesse tomado banho em nenhum momento.

Suponho que muitos territórios ou paisagens sejam definidos pelo que há neles, mas a Antártida, por outro lado, talvez fosse melhor definida pelo que não há nela. Não há vida, não há vistas, ruídos ou odores. Como não há nada, não há sequer horas, pois no verão (uns quatro meses por ano) é sempre dia, enquanto no inverno (os oito meses restantes) é sempre noite; você mesmo pode escolher o horário para se situar, bem como para manter o controle do tempo e dos momentos em que você vai se comunicar com o exterior. Na lista de coisas que não existem, cabe incluir vírus e germes de todos os tipos. As poucas pessoas que perambulam por ali nunca se contagiam com qualquer doença transmitida por vírus. Mesmo se você tiver uma ferida, ela nunca infecciona.

Existem poquíssimos lugares no mundo onde você pode experimentar uma sensação de solidão tão pura. É muito difícil encontrar partes do nosso planeta onde não se encontre nadica de nada. Você quase sempre vai encontrar alguém, ou vai ver algum animal, ou uma mosca vai incomodá-lo, ou uma mudança da paisagem vai quebrar a linha do horizonte, ou a folha de uma árvore vai quebrar a monotonia, ou você vai ouvir qualquer som que não seja do próprio vento, ou você notará cheiros diferentes dependendo do ambiente.

Viver para sentir-se vivo

Em um deserto de areia, por exemplo, há um monte de vida e acontecem muito mais coisas do que em um deserto branco como o da Antártida; além disso, seria muito difícil, para não dizer impossível, realizar ali uma travessia de determinada duração com total autossuficiência, já que no gelo você sempre dispõe de água, se você tiver combustível, enquanto em um deserto quente isso significaria uma limitação tão grande que seria impossível manter-se lá sozinho e isolado por um longo tempo. Existem outros lugares onde é possível viver experiências de isolamento, sem outras pessoas, sempre que você busque e force as circunstâncias, mas experiências de solidão absoluta como as que vivi na Antártida só podem ser experimentadas, praticamente, em zonas polares ou em alto-mar.

Curiosamente, eu era muito mais consciente da solidão quando estava fora da barraca do que dentro. Imagino que isso acontecia porque a sensação da própria pequenez naquela imensidão tão inóspita era muito mais perceptível no exterior, e também porque, durante as horas de caminhada, eu tinha que enfrentar o esforço máximo e as condições mais extremas que se podem imaginar.

Avançar uma média de dez horas por dia, com uma notável exigência física para arrastar a mim mesmo e a um trenó tão pesado como o que eu levava, aguentando o frio e o vento onipresentes, proporciona, além do lógico esgotamento físico e mental, uma tremenda sensação de vulnerabilidade Você se encontra no meio do nada mais absoluto, conta apenas consigo mesmo e com o material que está levando, e não pode esperar que ninguém o ajude a fazer algo ou escute quando você comentar qualquer eventualidade.

Pelo contrário, na barraca, a solidão se vive de modo diferente. Tudo acaba sendo mais facilmente assimilável. Você se sente muito mais protegido, está mais confortável e sofre menos. Você tem muitas coisas para fazer, e isso ocupa a sua mente, e você pode se comunicar por telefone via satélite com o exterior, diluindo assim em grande medida a sensação de imensidão e isolamento.

De qualquer forma, entre as duas situações básicas do dia, ou seja, entre viver na barraca ou caminhar pelo gelo, havia espaços intermediários nos quais a sensação de solidão era ainda mais pronunciada do que o normal. Eram os momentos das transições; ou seja, enquanto eu montava e desmontava a barraca. Isso era, de longe, o pior.

Ao montar, porque eu estava exausto, depois de tantas horas cansativas, e meio congelado, por isso tinha pressa para terminar o trabalho e proteger-me na minha casinha particular. Além disso, não é fácil manipular sozinho todas as lonas e hastes extensíveis em tais condições de frio e vento.

Ao desmontar, porque a todas as dificuldades que surgiam também na fase de montagem se adicionava a angústia e o sobre-esforço necessário para abandonar, dia após dia, o relativo conforto da barraca e enfrentar, novamente, a dureza de mais um dia de trabalho.

Essas quatro fases diárias — uma longa caminhada, montar a barraca, viver nela e desmontá-la pela manhã — tornaram-se uma rotina dura, mas agradável e interessante ao mesmo tempo, que nunca poderia compartilhar com ninguém.

Além dos processos cotidianos, que geravam a sensação de solidão extrema, o isolamento era mais perceptível, obviamente, em determinadas situações que requeriam compartilhar com alguém certos fatos, emoções ou problemas. Os momentos de maior fraqueza, quando mais sentia a falta de companhia, apareciam quando acontecia um problema, uma lesão física ou qualquer avaria do material.

Ter que fazer o autodiagnóstico de alguma dor que aparecia durante a travessia, e também encarregar-se da cura correspondente quando você já avaliou a lesão ou problema físico, aumentava a sensação de angústia produzida pelo isolamento. Quando tive o problema das bolhas nos dedos dos pés, quando minhas costas estavam a ponto de arrebentar, quando sofri congelamento nas maçãs do rosto, ou quando causei alguma pequena ferida nos dedos ou na perna, eu desejei com todas as minhas forças ter alguém que me ajudasse com as curas ou, pelo menos, que me permitisse falar sobre a pouca ou muita dor que sentia. No polo, não existe possibilidade de reclamação, mas justamente em situações assim você percebe que o fato de reclamar não tem mais utilidade real do que compartilhar uma certa dor e comunicar aos outros que você precisa de certo apoio moral para suportá-la. Ali não adiantava xingar, pois ninguém me escutava, e sozinho eu não conseguia nada mais do que me atordoar com meus gemidos estéreis.

Quando algo quebrava, eu me sentia mais abandonado ainda; conheço muito bem o meu corpo, depois de tantos anos de atividades exigentes, mas a parte mecânica nunca foi o meu forte. Em qualquer dos trabalhos que eu tive que realizar para reparar o material, fosse a placa fotovoltaica, alguma haste da barraca, as fixações dos esquis, o fogareiro para cozinhar ou qualquer parte do trenó, senti a falta de um colega que me desse uma mão, me assegurasse de que a minha intervenção estava correta e me permitisse relativizar o problema, pois com frequência eu tendia a exaltá-lo. De qualquer forma, também é bom não ter alguém que segure o abacaxi quando a coisa se complica, visto que eu não sou exatamente um "faz--tudo", tendendo sempre a deixar que outro resolva os problemas mecânicos ou de material que se apresentam durante as aventuras; quando não se tem ninguém, não há opção a não ser arrumar as coisas por si mesmo, e quase sempre você acaba conseguindo.

Você chega, finalmente, à sincera conclusão de que é muito bom estar sozinho em determinadas situações, porque isso o obriga a usar habilidades que todos temos, quase sempre, em nós, mas que evitamos utilizar se alguém resolve tudo para nós.

A solidão era muito percebida, também, em certos momentos especiais resultantes do meu estado de espírito, fossem muito positivos ou muito negativos, visto que, pela nossa própria cultura, pela tradição familiar, ou pelos costumes ou caráter, precisamos compartilhá-los com os outros.

Não poder comentar com alguém determinada situação ou a preocupação com um fato em particular, como a dificuldade de uma etapa, o desconforto de um dia de especial mau tempo, o racionamento da comida, estar mal uma noite ou, simplesmente, estar meio desmotivado etc., vai afetando e intensificando a percepção de isolamento de uma pessoa.

Ou não poder compartilhar um momento positivo ou a emoção diante de uma situação específica, como o fato de ter ultrapassado certo marco na travessia, ou a apreciação da beleza de uma paisagem, ou a degustação de algo que tínhamos guardado para um dia especial, ou passar o Natal ou o Ano Novo tão longe da família, nos permite perceber que não desejamos estar sozinhos nos momentos especiais da vida.

De fato, um dos testes mais difíceis que enfrentei na gestão da minha solidão foi, justamente, a decisão de sacrificar as festividades de Natal e Ano Novo com a família. Eu acredito que estava muito preparado para essa expedição. Estava bem treinado e preparado mentalmente para suportar o frio, para me submeter a grandes esforços físicos, para viver o desconforto durante muito tempo, para superar uma grande quantidade de obstáculos, para lutar ao máximo e suportar o que fosse necessário. Poderia dizer, inclusive, que também estava preparado, mesmo sem saber, para fazer isso sozinho, considerando que não era esse o planejado. Em contrapartida, eu não contava com a preparação necessária para estar longe de meus filhos, da minha esposa, da família em geral, durante dias de tanta tradição e união familiar como nas festas de fim de ano.

Ainda que não por motivos estritamente religiosos, a verdade é que nós celebramos esses feriados com paixão familiar, e ter que sacrificar tais momentos tão especiais em minha comunidade mais direta, com o propósito de seguir adiante e perseverar em direção ao meu objetivo, foi algo que me custou digerir e administrar, mesmo tendo muita clareza e nenhuma dúvida na hora de decidir. Durante alguns dias, pensar que se eu seguisse adiante não estaria em casa no Natal me doía muito e era motivo de angústia; contudo, chegou um momento em que foi necessário assumir até o fim a nova situação, e uma conversa profunda e apaixonada com a Maria me ajudou a dispersar aquelas nuvens cinzas e cheias de energia negativa. Muitas vezes, quando algo nos preocupa muito, temos que fazer um grande esforço para encontrar o "x" da questão e nos livrarmos de uma dúvida que subtrai, em vez de adicionar. Quando chegamos a determinado ponto, devemos parar de fazer rodeios com relação a um determinado assunto e decidir se nos retiramos ou nos jogamos de cabeça.

Além disso, por sorte, as longas horas de solidão, tanto durante a caminhada como na barraca, e as semanas que ainda faltavam para o Natal me permitiram ir aceitando a questão. Quando chegou o momento, foi apenas motivo de sofrimento, e eu vivi a situação como mais um dia dos muitos da minha travessia.

De fato, eu mencionei que durante 48 dias não vi ninguém, embora, estritamente falando, a coisa não tenha sido exatamente assim. No dia 28 de dezembro, eu me encontrei com alguém por dez minutos. Era Felicity Aston, uma aventureira inglesa que fazia a mesma rota na direção oposta e que avançava coordenada com a mesma base antártica que eu, para toda a questão logística. Pelas informações que recebíamos da base de Union Glacier, sabíamos que estávamos perto e seguíamos aproximadamente a mesma longitude. Quando estávamos perto do Polo Sul, era muito provável que coincidíssemos, se nos cruzássemos em um dia de boa visibilidade. Assim foi, quando fazia 4 dias que ela tinha saído do Polo Sul e 42 que eu não via ninguém. O encontro foi breve, mas magnífico. Ela estava feliz por encontrar alguém, mas, no fim das contas, sua animação era inevitavelmente menor do que a minha, pois fazia poucos dias que ela tinha visto outras pessoas. Por outro lado, fazia tanto tempo que eu não tinha nenhum contato com um ser humano que eu me senti realmente eufórico. Quando nos encontramos, eu a abracei com tanto entusiasmo que ela deve ter pensado, eu temo, que eu ia violentá-la. Acho que ela entendeu o entusiasmo que senti ao encontrar alguém, e creio que também soube me desculpar se eu me mostrei muito caloroso ali, em pleno deserto branco. Depois de conversar um pouco e ver que não corria qualquer perigo físico ao se encontrar com um macho neandertal que havia permanecido isolado de tudo durante tanto tempo, ela deve ter pensado,

Viver para sentir-se vivo

simplesmente, que era verdade o que dizem sobre os latinos serem pessoas muito apaixonadas. O frio e o desejo de manter o ritmo dos quilômetros realizados fizeram com que nenhum dos dois quisesse demorar muito tempo em protocolos, portanto dedicamos escassos dez minutos a falar sobre as respectivas expedições, fornecendo informação mútua sobre as características das etapas seguintes.

Para pessoas maldosas, curiosas, enxeridas, fogosas e a demais fauna leitora deste livro que possa coincidir, em linhas gerais, com alguns desses perfis, vou deixar claro que um encontro de quase dez minutos em pleno gelo antártico não dá para muito, e tudo aconteceu como eu contei. Você pode imaginar o monte de piadas que fizeram sobre o fato de que a única pessoa que eu encontrei depois de 48 dias de isolamento total fosse uma garota jovem, bonita, inteligente e encantadora. Mas devo dizer que, apesar de logo ter percebido os elogios acertados sobre seu caráter e inteligência, em grande medida, naquela breve, mas intensa, conversa a muitos graus abaixo de zero, não conheci os atributos físicos de Felicity até muitos dias mais tarde, ao ver algumas fotos em sua página da internet. Ali, no meio do nada, sabia que era uma garota, porque a base havia me dito isso, mas andamos tão cobertos e protegidos que só é possível distinguir com que tipo de personagem se está falando.

Assim, com exceção desse breve encontro com a garota inglesa quase já no final da travessia, acumulei um total de 48 dias sem estar com ninguém nem ver nadica de nada, 48 dias que, calculados em horas, equivalem a 1.150 horas de absoluta solidão, valor que curiosamente coincide com o dos quilômetros totais percorridos desde a costa até o Polo Sul.

Pergunte a si mesmo se você conhece alguém que, em toda sua vida, tenha permanecido absolutamente sozinho só um dia. Um dia sem ver ninguém, nem de perto nem de longe. Provavelmente será difícil, pois na nossa sociedade isso não é comum, menos ainda que uma pessoa normal passe o dia todo isolada de qualquer ser humano. E não vou incluir nessa medida de solidão outros elementos que, de uma maneira ou de outra, nos conectam com o ambiente, como paisagens, objetos ou animais diversos, e que se poderia considerar que aliviam, de alguma forma, nossa verdadeira solidão.

Se alguém me perguntasse como eu pude me adaptar e suportar tanta solidão durante essa aventura, responderia que, ao contrário do que se pode pensar, isso foi para mim um presente luxuoso. Ter a oportunidade de permanecer completamente sozinho comigo mesmo foi, sem dúvida, uma das melhores experiências da minha vida.

Geralmente, estamos muito pouco acostumados a ficar sozinhos com nós mesmos, e, de fato, quando temos a menor oportunidade, a rejeitamos e fazemos o possível para compartilhar nossos passos. Eu acredito que, para viver plenamente e desenvolver qualquer projeto, é fundamental estar bem conectado consigo mesmo. O grupo, as equipes, a comunidade e a sociedade em geral são um fator muito importante em nossa vida e têm todo o valor do mundo. Mas com muita frequência acontece que o sentido da nossa existência e toda a energia, a força, os motivos e os fatores determinantes para avançar se apoiam na relação entre nós e os outros, quando deveriam ser baseados também, pelo menos, na relação com si mesmo.

Eu contemplo a vida de cada um de nós como se fosse uma árvore, onde o tronco é a pessoa como um indivíduo, as raízes são a pessoa em conexão com as suas origens, valores e compromissos, e os ramos são a pessoa como membro de uma sociedade ou grupo. A partir daqui, é de grande importância cuidar muito bem dos ramos, podando-os quando necessário para que cresçam fortes e resistentes. Certamente alguns ramos não vão nos agradar ou vão morrer, mas sempre há tempo de cortá-los. Ainda que tenham sido feridos, isso não afetará os demais ramos nem o tronco central. O problema é que, se só nós nos dedicarmos a cuidar dos ramos ou se, inclusive, estivermos excessivamente obcecados com alguns galhos sem importância, que correspondam a relações ou questões muito superficiais e pouco decisivas em nossas vidas, pode ocorrer que nos esqueçamos da parte central de nós mesmos. De nada vai nos servir ter uma folhagem bonita se o tronco for podre, fraco ou tiver raízes superficiais em um terreno não muito bom ou pouco trabalhado.

Independentemente de estarmos sozinhos fisicamente, rodeados de pessoas ou fazendo parte de um grupo, uma família ou uma equipe, nunca deixamos de ser indivíduos. Geralmente em nosso processo vital e, mais ainda, nos momentos mais problemáticos ou nas situações mais extremas ou incertas, viveremos situações críticas que vão exigir decisões e atuações contundentes, radicais. Se nessas ocasiões o tronco da nossa árvore não estiver completamente saudável e não for sólido, se as raízes não estiverem bem agarradas à terra, qualquer pequena tempestade a derrubará; mas, se as raízes estiverem bem firmes, e o tronco, cuidado, por mais forte que seja o vendaval, nos manteremos firmes em nosso lugar.

Todos nós precisamos reforçar ao máximo a coluna vertebral que constituirá o eixo de nossa vida, e deveríamos procurar consolidá-la e desenvolvê-la em qualquer momento. Nas aventuras, nas experiências pessoais de todos os tipos, no decorrer da nossa jornada por este mundo, teremos que potencializar também a viagem interior, e isso pode ser feito de várias maneiras; cada um tem ao seu alcance metodologias próprias ou desenvolvidas por outros para incentivá-la e tirar o máximo proveito de seus resultados. Alguns realizam a expedição pessoal por meio de alguma das muitas religiões existentes, outros graças a técnicas de meditação, outros por meio de xamãs ou conselheiros espirituais de vários tipos; alguns poucos o fazem através de rituais bem estranhos e muitos, também, com psicólogos, *coaches* ou conselheiros de diferentes tipos. Há muitas maneiras de explorar em nosso interior e tentar transcender nosso ego. Outro caminho possível são as experiências intensas ou, no meu caso específico, essas viagens de aventura, que permitem que eu me conecte com o mais profundo do meu ser e que faça isso em uma situação mental e física muito especial, próxima da natureza e, ao mesmo tempo, em permanente contato com ela.

Qualquer que seja o sistema que cada pessoa escolha para se conhecer melhor e se conectar com a própria consciência, sem dúvida alguma, os episódios de solidão podem representar uma grande contribuição para esse processo. A expedição ao Polo Sul me ofereceu um espaço puro — imenso, tremendamente poderoso e dificilmente comparável — de solidão para estar em permanente diálogo comigo mesmo. De todas as coisas que essa aventura me proporcionou, essa viagem interior que eu sempre busco em meus projetos e que aqui foi muito mais expansiva pelas circunstâncias vividas foi, sem dúvida alguma, a melhor.

Eu sou um ser muito social. Adoro interagir com muitas pessoas, conhecer pessoas e culturas novas, e estar todo dia me comunicando com os demais, em pessoa ou por outros métodos. No entanto, apesar de tudo, cada vez dou mais importância a saber estar sozinho, e me atreveria a recomendar a todos, inclusive, que busquem espaços individuais, tanto para projetos próprios, sempre inclusos e em equilíbrio com as outras vertentes relacionadas ao ambiente, como para desfrutar de espaços claros de solidão na gestão do próprio tempo.

Não é preciso permanecer 48 dias em um lugar isolado e extremo para experimentar a intensidade e a riqueza de poder estar só. Fazer um passeio simples pelas montanhas, sem a companhia de ninguém e mantendo um diálogo com nós mesmos, produz

VIVER PARA SENTIR-SE VIVO

magníficos efeitos sobre a saúde e a força do tronco da nossa árvore, e pode revelar uma dimensão de nós mesmos que pode nos surpreender muito. Devemos aproveitar a solidão com plena consciência, sem nos inquietarmos ou ter pressa de estar novamente, em seguida, conectados com os outros. Isso servirá como uma alavanca para a autoconfiança, a autoestima, o crescimento, bem como para a conexão com os demais, para sermos coerentes, para nos comprometermos e dar sentido às nossas ações.

Eu acho que todo mundo deveria se obrigar a ficar sozinho, com relativa frequência, um ou vários dias, ou a realizar alguma viagem sem ninguém, bem longe da nossa zona de controle e conforto. Fazer uma viagem sem a companhia de ninguém do nosso círculo habitual também é muito enriquecedor. Viajar sempre com as nossas pessoas de confiança é muito divertido, mas dessa forma perdemos uma porcentagem muito importante do que essa experiência pode nos oferecer.

Se formos a algum lugar com o nosso parceiro ou parceira, com nossos amigos de sempre, ou com o grupo com o qual estamos acostumados a viajar, sem dúvida veremos coisas muito interessantes e nos divertiremos muito, mas renunciaremos à possibilidade de ter outras possíveis experiências. Com quem vamos tomar café da manhã, almoçar ou jantar?

Pois bem, sempre com nossos amigos. E do que vamos falar? Justamente do que costumamos falar com nossos amigos. E a que novas experiências vamos nos abrir? Apenas àquelas que tenham o consenso de todo o grupo de amigos, e as viveremos sempre a partir do ponto de vista do conjunto. Por outro lado, se formos sozinhos, algumas vezes comeremos sozinhos, outras com as pessoas que formos encontrando; teremos conversas diferentes, sem dúvida curiosas e muito enriquecedoras, e estaremos abertos a experiências diversas, que vão acontecer espontaneamente e serão vividas de uma forma muito autêntica, sem que sejam contaminadas pela presença do nosso ambiente habitual. Se tivermos a oportunidade de fazer alguma dessas viagens, sem dúvida voltaremos renovados, teremos melhorado a nossa relação com nós mesmos, o que não é banal, e teremos vivido um monte de intensas experiências que, deixando de lado a viagem física, também terão funcionado como uma verdadeira viagem interior reforçando, mais ainda, o tronco de nossa persona.

Incentivar a individualidade e defender os espaços de solidão não tem nada a ver com o egoísmo, mas muito com a autoestima O poder está no amor-próprio. Não é possível viver desconectado do coração. Temos que amar a nós mesmos se quisermos amar os outros e desejarmos viver intensamente. A sociedade nos condiciona a acreditar que o amor-próprio é egoísmo, vaidade e narcisismo; esperamos, então, que os outros nos amem para não nos sentirmos incompletos ou ficarmos satisfeitos. O sucesso e o respeito, assim como o consumo e o ócio, são aceitáveis. Mas, além de tudo isso, o que nós realmente precisamos para ser felizes se encontra dentro de nós. Quanto tempo dedicamos a nos conhecer, cuidar de nós e mimar a nós mesmos? Daqui brota o bem-estar emocional.

Amor-próprio é escutar, aceitar, respeitar e valorizar a nós mesmos, e, em síntese, ser sempre gentil com nós mesmos e diante de qualquer decisão. Emocionalmente falando, só podemos compartilhar com os outros o que primeiro temos cultivado em nosso âmago. Fortalecer o nosso tronco, nossas raízes, nossa radicalidade e o amor-próprio aumenta nossa energia vital, e isso melhora nossa saúde física e emocional.

Não me importa se durante os anos que me restam de vida eu poderei voltar a viver uma experiência tão profunda de solidão, mas ao menos eu dou muito valor à sorte de ter sido capaz de aproveitar essa ocasião; eu levo muito a sério tudo o que isso me trouxe em termos de evolução pessoal e prometo a mim mesmo viver muitos episódios de solidão voluntária, sempre que eu tiver a oportunidade de fazê-lo.

Nem é preciso dizer que a solidão involuntária é dolorosa, mas a que responde a uma decisão voluntária é muito expansiva e nos permite experimentar sensações muito interessantes e íntimas, mergulhando em nosso interior. E, dentro de nós mesmos, encontramos sempre um espaço mais vasto do que a Antártida, o mundo ou o universo; um território interminável, infinito, ou, pelo menos, que nós nunca conseguiremos percorrer por completo em toda a nossa existência. Há muitas coisas para descobrir ou conhecer nos mapas de todo o planeta, mas também há em nosso mapa interior. Viajar pelo nosso interior, fazer a travessia dos sentidos, é altamente recomendável e emocionante, e pode constituir, por si só, uma grande aventura.

BLOCO DE NOTAS

- ✓ Em certas situações, é muito bom que estejamos sozinhos, porque isso nos obriga a utilizar todas as nossas habilidades.
- ✓ Sempre chegará o momento em que teremos que deixar de fazer rodeios com relação a uma determinada questão para decidir se desistimos dela ou nos lançamos de cabeça.
- ✓ Pergunte a si mesmo se você conhece alguém que durante a sua vida tenha estado um dia absolutamente sozinho.
- ✓ Para viver plenamente e desenvolver qualquer projeto, é fundamental estar bem conectado consigo mesmo.

VIVER PARA SENTIR-SE VIVO

✓ Todo mundo deveria buscar espaços de solidão na gestão de seu próprio tempo.

✓ O poder está no amor-próprio, pois não é possível viver desconectado do coração.

✓ Só podemos compartilhar com os outros as emoções que temos cultivadas primeiro em nosso âmago.

✓ Fortalecer o amor-próprio aumenta nossa energia vital. E isso melhora a nossa saúde física e emocional.

✓ A solidão que corresponde a uma decisão voluntária é bem expansiva e nos dá a possibilidade de experimentar momentos excepcionais; uma grande aventura através de nosso mapa interior.

CAPÍTULO 10
O GRANDE COMBATE DA MENTE

Uma chave importante para o sucesso, em qualquer assunto, é a confiança em si mesmo; e uma chave importante para a autoconfiança é realizar uma boa preparação. Portanto, treinar corretamente e aprender as técnicas necessárias é a melhor garantia para que estejamos seguros de que poderemos confiar em nós mesmos nos momentos importantes, e de que semeamos os ingredientes certos para que a mente cumpra bem com a sua missão.

No dia 21 de dezembro, depois de já ter acumulado 53 dias de expedição, 38 deles de caminhada propriamente dita e 34 na completa solidão, e após um dia de dez horas de caminhada e 27 quilômetros percorridos, escrevi o seguinte texto do meu diário:

Dia: 21 de dezembro de 2012

Horas de caminhada: 10 – acumuladas totais: 336h 15min

Km/dia: 27,1 – acumulados totais: 785,3 km

Faltam até o Polo Sul: 370,9 km

Dias avançando: 38 (34 solo) – dias parado: 15 (0 solo)

– total de dias: 53

Posição: S86° 47,226' – W81° 52,980'

Correndo o risco de ser tachado de louco, eu explico a etapa de hoje como a vivi e senti. Talvez pareça um pouco estranho, mas eu garanto que foi mais ou menos assim, embora ao escrever eu enfeite um pouco para ficar bonito...

Acordei às seis em ponto, assim como em todos os dias, e, como estou com fome e me levantar significa comer, não demoro nem um minuto. Estava frio, para variar. E para variar também se ouvia o vento batendo na barraca. Como todos os dias, antes de começar a derreter neve, eu fiz xixi na garrafa, e, ao jogá-lo no buraco do lado de fora da barraca, verifiquei como estava o tempo.

A temperatura era de –27° C, o vento era intenso, mas não extremo, e não se via nadica de nada. Um panorama péssimo para iniciar uma caminhada.

O tempo estava ruim o suficiente para ficar parado, sem remorso algum por perder um dia útil para fazer uma boa etapa, e assim dedicar o dia ao descanso que me cabe depois de 33 dias avançando sem interrupção. Eu comecei a tomar café da manhã enquanto acabava de decidir. Mas, de repente, sem que eu provocasse ou quisesse, uma "força" me obrigou a seguir a rotina habitual de todos os dias, como se eu devesse continuar o caminho. Eu o fiz com muita tranquilidade, com uma pose séria e neutra, porque percebia que em minha mente estava sendo travada uma intensa batalha entre duas posições completamente contrárias: uma tinha previsto ficar para descansar, e a outra já estava seguindo caminhada.

Depois de um tempo, eu estava desmontando a barraca e carregando o trenó com todas as tralhas. Quando tudo estava pronto, eu tive que me recuperar do frio, porque tinha ficado meio congelado.

De repente, eu já estava avançando em um ritmo muito bom. A "força" me impulsionava a seguir em frente por um declive suave que era possível perceber, ainda que não fosse visto, e eu ia sentindo calor até o ponto de ficar inclusive confortável. Eu não vi, durante todo o dia, nada além da ponta dos esquis. Era quase impossível distinguir o relevo da neve até que estivesse sob meus pés. Só me preocupava em olhar para o percurso e o chão, para não perder o equilíbrio ou ficar tonto por estar olhando fixamente, tantas horas, o metro e meio que estava à frente. Exceto por isso, não havia nada, pois a "força" se encarregava de me fazer avançar. Eu pensava que podia confiar nela, pois se trava, sem dúvida, de uma "força" boa, como a dos Jedis em *Star wars*, e não como a dos Sith: em um lugar completamente branco e claro como esse, não é possível que haja um "lado negro da força", certo?

O dia passou voando. Eu cheguei às dez horas muito menos cansado do que ontem e anteontem. Comecei a montar a barraca e colocar nela novamente todo o material.

Resultado: como todos os dias, agora estou enfiado no saco de dormir, escrevendo a crônica do dia. E, graças à "força", estou valiosos 27 quilômetros mais à frente e 100 metros de desnível acima do que se tivesse acontecido o que havia decidido na parte mais acomodada da minha mente.

Talvez a equipe do Race Tracker (sistema de rastreamento automático por geolocalização da minha página de internet) comprove se eu realmente me movi ou não, pois talvez o que tenha acontecido é que eu fiquei descansando na barraca e dormi tanto que sonhei que hoje, apesar de condições climáticas terríveis, avancei como um campeão.

A mente é uma ferramenta poderosa, mas devemos orientá-la e estimulá-la incessantemente, pois ela também pode ser muito traiçoeira. Se deixar, ela sempre escolhe o caminho mais fácil, cômodo, seguro e conservador... Contudo, muitas vezes é mais produtivo, interessante e útil buscar a "força", encontrá-la e deixar-se levar por ela.

... Isso acontece apenas na Antártida?

Boa noite... e que a "força" esteja com você...

De fato, sempre que se praticam esportes extremos ou aventuras exigentes como a do Polo Sul, ou, em geral, quando se realizam atividades muito exigentes em qualquer campo, costumamos abrir o debate sobre se tem mais peso a força física ou mental. Esse não é um tema que possa ser tratado de forma superficial, pois nesse equilíbrio e nesse conceito encontra-se uma parte importante do sucesso do projeto que estamos enfrentando. Sem mais nem menos, mais uma vez, eu gostaria de me afastar do tópico segundo o qual a força mental pode tudo, que parece atribuir um plano muito secundário ao aspecto físico desse tipo de desafios. Sem dúvida, um bom equilíbrio entre ambas as partes será, sempre, a melhor fórmula para enfrentar qualquer desafio importante.

Para começar, se você não prepara bem o tema no nível físico ou técnico, você tem muitas chances de fracassar, ainda que a mente sempre o empurre para frente. Se você não tem os conhecimentos técnicos para realizar uma atividade específica ou livrar-se de uma situação complexa, mesmo que você seja mentalmente muito forte, pode cometer muitos erros e incorrer em algum problema potencialmente grave. E, se você sofre qualquer lesão física ou chega a um estado de esgotamento tão extremo que o corpo já não consegue dar mais de si, dificilmente você poderá continuar lutando só com a força mental. Ou seja: respeite a preparação física, pois desprezá-la é um erro grave que pode levar ao fracasso do projeto ou problemas de consequências mais graves.

No entanto, acontece que, em teoria, a preparação física e a técnica são mais controláveis e previsíveis. Você pode dedicar muito tempo e esforço ao treinamento físico para determinada atividade, então certificar-se de que você adquira habilidades suficientes para realizar a empreitada à qual você se propõe. Por outro lado, a preparação da mente é muito mais complexa e imprevisível, pois, ainda que você a treine muito e tenha uma experiência abundante em situações similares, quando chega o momento da verdade, sempre dependemos da reação do nosso subconsciente.

Como eu comentava no texto sobre o gelo, no dia 21 de dezembro, ainda que você precise ter a mente clara e exigir dela muito apoio em forma de energia, serenidade nas decisões e determinação na ação, será necessário ter muito cuidado com ela, porque a mente é extremamente traiçoeira em determinadas circunstâncias. Nunca podemos baixar a guarda quando se trata do julgamento da nossa mente em situações complexas. A luta está sendo travada sempre, e, se não quisermos ser derrotados de surpresa, devemos permanecer vigilantes.

A mente é projetada para sobreviver, não para superar obstáculos impossíveis nem para alcançar objetivos ambiciosos. Ela busca sempre o caminho mais fácil, cômodo e seguro, por isso convém suspeitar dela e observá-la constantemente.

Quando as circunstâncias são minimamente adversas, apresentam perigos ou exigem alguns esforços e decisões muito radicais, a mente pode estimular-se e ajudar a tirar energia de onde não havia, fazendo surgir o valor e o impulso necessários para lutar ao máximo; ou, ela também pode nos trair e atacar onde menos esperamos, enfraquecendo-nos ao máximo e provocando uma atitude de desistência, ou nos obrigando a tomar decisões inadequadas.

As ferramentas das quais a mente dispõe para poder nos atacar são numerosas e muito sofisticadas. Se não estamos previamente preparados, será difícil derrotá-la em um combate que ela está determinada a ganhar.

Em ocasiões como a aventura de cruzar a Antártida, encontrando-me, sobretudo, completamente sozinho, percebia perfeitamente como a mente atacava com muitas das suas estratégias.

O medo dos perigos que existiam no caminho era uma das mais comuns. Essa costuma ser uma das táticas favoritas da dona Mente. Ela pode converter qualquer situação delicada ou que envolva o menor risco em um monstro infernal, poderoso e perfeitamente projetado para nos fazer sucumbir ao seu terror e desistir de enfrentá-lo.

A saudade é também uma das suas ferramentas mais poderosas, que ataca lentamente, mas de forma muito eficaz. Nós somos seres altamente dominados pelas emoções e sentimentos, e o desejo de estar com aqueles que mais amamos — e que, além disso, em momentos extremos surgem como símbolo de bem-estar, segurança e conforto que tanto almejamos — pode nos enfraquecer muito em nossa luta para superar um desafio particular. Eu já disse em outro capítulo que inclusive cheguei a me obrigar a não pensar em meus filhos durante a primeira metade da travessia, pois isso me absorvia tanta energia que eu era incapaz de renovar a força necessária para continuar adiante e seguir, assim, sem vê-los todos os dias que fossem necessários.

Viver para sentir-se vivo

A preguiça e a negligência são outras armas que a mente usa comumente, aproveitando o nosso cansaço físico e mental para fazer com que nos rendamos prematuramente e afastar a atitude perseverante que é necessária para continuar avançando. Essa era uma das minhas principais preocupações durante a expedição, porque ali ninguém me via e eu nunca tinha que dar explicações a ninguém. E quando eu acordava estava tão bom, tão quentinho no saco de dormir, que a tentação de ficar um pouco mais era tremenda. Eu tinha tanta consciência dessa ameaça que, por isso, não descansei nem um único dia, nem poupei um único dia de caminhada desde que eu fiquei entregue a mim mesmo no gelo. Não queria deixar a menor brecha que permitisse que a preguiça se aproximasse de mim.

A impaciência é uma das suas armas favoritas. Estamos acostumados a querer as coisas em curto prazo e a perseverar tanto quanto possível, ainda que sempre com determinado limite de tempo e esforço. Assim, quando nossas expectativas são frustradas, uma vez após a outra, a paciência costuma sucumbir, e qualquer atraso pode se tornar insuportável. É muito importante renovar regularmente os desejos, saber que o sentido de tudo isso é superior às demoras constantes que ocorram em nossa situação, pensar que o objetivo final vale a pena e que o fator tempo é algo relativo no panorama geral de um projeto específico ou da vida em geral. Enquanto eu não atingia o grau 85 da Terra, as estatísticas eram tão desfavoráveis, em relação ao plano inicial, que manter a paciência e o entusiasmo de seguir dia após dia foi uma das principais lutas que eu tive que enfrentar.

Os desejos de conforto e bem-estar são algo com o que a mente nos ameaça, às vezes se tornando uma bota malaia que pode nos torturar pouco a pouco, até abrir um buraco fatal em nossa vontade de levar o projeto adiante. Estou farto de ver pessoas que se propõem a objetivos de aventura muito interessantes, mas que, uma vez em plena atividade, só desejam abandoná-los e desfrutar das vantagens e conveniências de seu mundo cotidiano. É uma pena, pois, normalmente, a realização desse projeto específico custou muitos esforços, mas a mente sabe disso muito bem e aproveita para se meter atacando um ponto mais fraco, onde for mais eficaz. Eu resistia muito bem aos embates daquela monstrenga que vivia em meu armário nesse sentido, mas não nego que, em certos momentos, nas festas de Natal ou de Ano Novo, andei um pouco cabisbaixo. Curiosamente, o ataque mais forte por esse flanco veio por parte da fome, uma questão que chegou a me provocar um princípio de paranoia pelo desejo constante de comer muito e muito bem, de ir a um restaurante, de estar em algum lugar onde eu pudesse pedir o que eu quisesse e desfrutar de uma abundância sem limites. Eu cheguei a ficar obcecado com esse capricho, ou essa necessidade, e tive que me concentrar muito para que isso não me enfraquecesse além da conta.

A dor física costuma ser um poderoso aliado da mente em qualquer circunstância. Aqui a vitória é muito fácil, pois, sendo um ponto de conexão entre a mente e o corpo, o ataque destinado a causar uma desistência pode ser incontrolável. Nesse caso, a experiência anterior, o fato de ter lutado em outras batalhas e a convicção de que tudo é relativo são determinantes. Você precisa necessariamente baixar a percepção da dor e se concentrar em algo distinto, que não se direcione para a queixa e a compreensão da dor em determinada parte do corpo. Depois de tantos dias nessas condições e fazendo tantos esforços, é fácil imaginar que, se você tivesse que se render por certa dor física, não percorreria nem uma quarta parte do trajeto. Há um monte de citações referentes à motivação para suportar a dor física em desafios esportivos muito exigentes. Não devemos abusar das frases estereotipadas, mas não há dúvida de que algumas delas, se forem bem aplicadas, têm muita força. Eu escolhi duas que, para mim, estão cheias de significado no que se refere ao assunto que estamos tratando. Uma delas afirma que "sem dor, não há ganho", pois, quando você entra em uma atividade desse tipo, sabe muito bem, antes começar, que a dor física será parte do caminho que você está se propondo a percorrer. Outra diz que "a dor é inevitável, mas o sofrimento é opcional", ou seja, que a percepção mental adotada diante da dor física que, sem dúvida, sofreremos depende, mais uma vez, de nossa atitude.

O tédio e a monotonia são campos lavrados onde a mente pode plantar, com facilidade, a semente da fraqueza em alguém. Em situações tão delicadas e prolongadas no tempo, nas quais se unem todos os obstáculos mentais que citamos, os fatores rotina, repetição ou monotonia podem ser muito destrutivos. Em contrapartida, se encontrarmos as motivações necessárias para tornar o trajeto mais agradável e ocupar a mente em temas construtivos, divertidos e estimulantes, toda essa energia negativa potencial pode ser convertida em positiva. Devo dizer que nesse aspecto eu estava muito bem focado, visto que, quando realizo uma dessas atividades, do que eu mais sinto saudade — ou quase — é de ter tempo livre, vazio, virgem, para poder dedicá-lo a pensar e a divagar em reflexões de todo tipo, em um estado de paz mental que a vida cotidiana costuma não nos permitir, dada a hiperatividade em que estamos sempre imersos. Eu tinha uma longa lista de temas aos quais queria dedicar muito tempo, e, enquanto eu tinha a mente desocupada, pegava um desses pontos e aproveitava para desfrutar de um espaço de reflexão e desenvolvimento pessoal, puro e imenso em muitos sentidos.

Em geral, voltando ao assunto de que eu falava no terceiro capítulo deste livro, nesse ponto volta a ser fundamental o fato de manter-se plenamente conectado com os verdadeiros motivos do objetivo. E isso exige certa prevenção mental e emocional, um exercício que deve ser realizado antes de se encontrar em determinada situação crítica, visto que ali colheremos os frutos do trabalho feito anteriormente nesse sentido; ao contrário, se não fizermos o dever de casa antes, dificilmente vamos dominar a força da mente que pode nos levar para o lado negativo de tudo.

De todos os modos, e ainda tendo tratado a mente como algo potencialmente muito traiçoeiro, não quis transmitir um conceito negativo dela. Eu destaquei apenas essa faceta difícil de administrar para me afastar do tópico e advertir sobre a necessidade de exagerar as precauções e maximizar a gestão da parte mental. Mas, à parte disso, devo também dizer que o trabalho mental que deve ser realizado para enfrentar qualquer desafio é uma das facetas mais emocionantes e interessantes do desafio. E, concentrando-se bem e sendo sincero, você pode encontrar na mente a melhor aliada para percorrer o caminho mais exigente e fascinante que possa imaginar. Ao final, na maioria dos casos, quando surgirem situações complexas, exigentes ou de pressão em qualquer tipo de atividade, será a mente que fará a diferença entre ganhar ou perder, entre chegar ao final ou desistir, entre nos estressarmos ou buscar a solução calmamente, entre superar um obstáculo ou sucumbir, entre produzir um rendimento mais alto ou ser pouco competitivo, e, em síntese, entre o sucesso ou o fracasso.

Atribuo uma grande importância a esse aspecto da preparação de qualquer projeto, sempre me armando de toda a prudência e precaução possíveis, e devo dizer que não posso reclamar do comportamento da minha mente. Se a tarefa anterior foi bem feita, e uma pessoa se propõe a objetivos que façam sentido e sejam realmente sinceros e autênticos para si mesma, a lógica é tirar proveito de toda a energia e o poder da mente, bem como minimizar sua parte ruim ou traiçoeira.

E, visto que eu comecei este capítulo reproduzindo um texto que escrevi na barraca durante a expedição, concluo com uma reflexão que fiz ao longo de uma daquelas longas etapas de caminhada, às quais já me referi e nas quais me concentrei justamente nessa relação entre o corpo e a mente. Eu o expressei na forma de diálogo e acho que, mesmo sendo uma conversa evidentemente fictícia e com uma pitada surrealista, ele transmite muito bem a relação entre essas duas partes essenciais de uma pessoa quando avança através da aventura da vida:

Dia: 26 de dezembro de 2012

Horas de caminhada: 10h – acumuladas totais: 385h 45min

Km/dia: 23 – acumulados totais: 910,2 km

Faltam até o Polo Sul: 246 km

Dias avançando: 43 (39 solo) – dias parado: 15 (0 solo)

– total de dias: 58

Posição S86° 47,226' – W81° 52,980'

DIÁLOGO CORPO-MENTE

A verdade é que essas experiências levam ao limite a sempre curiosa, interessante e muitas vezes complexa relação entre a mente e o corpo de quem as está realizando.

Ontem mesmo, em alguns momentos, quando o vento não soprava em absoluto e o silêncio era radical, eu interceptei duas conversas entre minha mente e meu corpo, que tento reproduzir aqui com a mais alta fidelidade possível:

A primeira ocorreu durante a caminhada:

CORPO: Mente, hoje é Natal, lembra?

MENTE: Sim, Corpo. Eu já te cumprimentei hoje de manhã, certo? Qual é o motivo de tanta insistência?

CORPO: Você não acha que, tratando-se de uma data tão especial, hoje poderíamos parar depois de nove horas de caminhada? Vai ser só por hoje...

MENTE: Homem, isso não é muito conveniente. Deveríamos tentar fazer um pouco mais, se queremos avançar os quilômetros previstos para hoje; ainda falta muito para o Polo Sul, e o chefe quer avançar ao máximo.

CORPO: Sim, eu sei, o chefe não quer parar. Mas nós dissemos que procuraríamos nunca exceder as nove horas de caminhada, e isso depois de renegociar o limite das oito horas inicialmente estabelecido. E o resultado agora é que, há muitos dias, não fazemos menos do que nove horas e meia ou até mesmo dez... Eu estou começando a ficar arrebentado.

MENTE: Vamos, Corpo, que quando anoitecer você vai poder se alimentar muito bem e se recuperar completamente dormindo por muitas horas... Não se queixe tanto.

CORPO: Mas o que você está dizendo? Eu quase não me queixo! Para você é muito fácil, já que você só pensa; mas quem acaba se lascando sou eu mesmo. Eu que sinto dor nos pés, nos músculos, nos ligamentos e nas juntas, eu sou o único com as costas virando mingau... e quem aguenta durante todo o dia esse frio horrível. Para você, uma hora a mais ou a menos não importa...

MENTE: Você está sendo injusto, Corpo. É verdade que não me canso fisicamente; isso é com você. Mas a minha tarefa também é muito dura e cansativa: eu tenho que tomar decisões importantes constantemente. Eu tenho que estar sempre de olho aberto, porque, aqui, qualquer erro pode ter consequências perigosas, sobretudo agora, que estamos sozinhos. Eu tenho que suportar muitas horas de caminhada monótona procurando assuntos interessantes e distrações para não ficar congelada também, do meu jeito. E o mais difícil é enfrentar inimigos poderosos que me atacam sem parar, como o medo, a saudade, o desejo de conforto, a preguiça, a ansiedade por tudo o que falta e outros muitos terroristas que atacam sem piedade quando eu baixo a guarda. É tanto ou mais duro para mim do que para você, meu amigo...

CORPO: Bem, desculpa se te ofendi. Eu só queria dizer que tudo isso está me custando muito e eu estou começando a chegar ao limite. Você sempre me diz que já falta menos, mas na realidade não me informa exatamente quanto falta. Você poderia me dizer exatamente quanto falta, em sua opinião, até o Polo Sul?

MENTE: Uns 270 quilômetros. Se não houver nenhuma parada pelo mau tempo e não pararmos para descansar nenhum dia, calculo que até o objetivo final nos faltem uns dez dias.

CORPO: Como? 270 quilômetros? Dez dias ainda? Você está louca! Eu pensava que estávamos quase chegando. É muita coisa. Agora sim que tudo dói mesmo, até o dedinho do pé. Não acho que eu seja capaz de suportar este ritmo e este sofrimento por mais dez dias. É impossível!

MENTE: Não se assuste, Corpo, não é tão grave. Estamos na fase final, mas ainda falta bastante. Você acha que tem forças para aguentar a etapa de amanhã, pelo menos?

CORPO: Mulher... Uma etapa a mais, sim, vou aguentar como der...

MENTE: Viu? Assunto resolvido. Amanhã à noite, eu vou perguntar de novo a mesma coisa a você, e você verá que vai repetir a resposta. E assim será até o Polo Sul. Não pense nos dez dias. Concentre-se no amanhã...

CORPO: Bem, visto dessa forma... Mas parece que no final você sempre acaba me enganando. Vou fazer o que puder, mas não garanto nada.

A segunda conversa aconteceu logo antes de dormir, já deitado:

CORPO: Escuta aqui, Mente; dando continuidade ao que conversávamos durante a etapa, há uma coisa que não está clara para mim...

MENTE: Diga... o que dói agora?

CORPO: Não, não ia reclamar de nada. Só queria perguntar o que nós dois ganhamos com todo esse esforço extremo; no final das contas, todos os méritos serão do chefe.

MENTE: Bem, isso não é totalmente verdade. Somos uma equipe, e todo mundo vê dessa forma. Ele diz isso sempre e nos deixa "bem na fita" quando nos comportamos bem.

CORPO: Não sei se me convêm tantos excessos, sabe? Às vezes penso que deveria levar uma vida mais calma...

MENTE: Sim, e engordar como um porco ou ter problemas de saúde, ou parecer um vovozinho... Veja o lado positivo, homem! Você está ativo, serve para um monte de coisas, é bem forte para a idade que tem e pode comer de tudo. Há sempre prós e contras, mas acredito que, no final, você tem mais vantagens do que inconvenientes. Claro que isso sim requer muito trabalho de treinamento e, de vez em quando, alguns esforços especiais como esse. Mas, acredite, você sai ganhando. E não me diga que você muitas vezes não recebe prêmios... Especialmente na forma dessas gulodices das quais tanto gosta.

CORPO: Você tem argumentos para tudo e sempre me faz comprar a ideia... Mas o que você ganha com tudo isso?

MENTE: Bem, não vou dizer que, às vezes, não queria também uma vida mais tranquila e repetitiva; mas aí penso bem, e descubro que adoro o que fazemos. Faz com que eu esteja sempre ativa, aprenda com as novas situações, dê o melhor de mim mesma, ganhe muita confiança, me estimule em muitos projetos etc. Também, de vez em quando, eu ganho uma recompensa, especialmente quando o chefe me deixa filosofar à vontade, que é do que eu mais gosto.

CORPO: Garota, tudo parece maravilhoso para você... E pensar que, agora, eu estou muito preocupado com a etapa de amanhã, enquanto você, aqui, "viva la vida"... Eu vou ter que aprender mais com você.

MENTE: Não é que eu ache tudo lindo e perfeito neste exato momento, mas eu tenho certeza — e aprendi isso em muitas aventuras — de que, se dermos asas aos pensamentos do lado negativo, tanto você quanto eu, em um lugar como este, vamos acabar ficando só o pó. Por outro lado, se levarmos as coisas pelo lado bom, tudo vai correr bem, e, acredite em mim, nós dois estaremos muito orgulhosos quando terminarmos. Portanto, boas vibrações, sejamos positivos e vamos dormir, que hoje você está muito cheio de perguntas. Venha, boa noite...

CORPO: Boa noite, então... Até amanhã.

...

CORPO: Mente, você está dormindo?

MENTE: Quase... o que você quer agora, pentelho?

CORPO: Se eu tiver que fazer xixi esta noite, você vai deixar que eu me lenvate para fazer na garrafa, não é?

MENTE: Claro que sim, você sabe... Mas, se você tiver que soltar algo mais gordo, então não, de jeito nenhum. Aqui, apertamos o esfíncter até amanhã às oito da manhã, pouco antes de começar a caminhada e já bem equipados, estamos entendidos?

CORPO: Tudo bem, patroa... Descanse.

BLOCO DE NOTAS

- ✓ Uma preparação adequada é essencial para que a mente possa realizar seu trabalho corretamente.
- ✓ A mente é uma ferramenta poderosa, mas também é extremamente traiçoeira em determinadas circunstâncias.
- ✓ A mente não cessa em sua luta, e você deve permanecer sempre alerta, se não quiser ser derrotado de surpresa.
- ✓ A mente busca sempre o caminho mais fácil, cômodo e seguro; por isso, não podemos confiar e temos que controlá-la de perto.
- ✓ Em situações delicadas, a mente nos ataca com armas muito sofisticadas.
- ✓ Se não treinarmos previamente, vai ser difícil dominar a força negativa da mente.

✓ A mente pode ser a melhor aliada para percorrer o caminho mais exigente e fascinante que se possa imaginar.

✓ Em situações complexas, a mente sempre vai fazer a diferença entre o sucesso e o fracasso.

CAPÍTULO 11
FELICIDADE AUSTRAL

1, 2, 3, 4, 5, 6, 7, 8, 9, 10, 11, 12... Feliz 2012!
A noite de 31 de dezembro foi duplamente especial. Eu me despedia do grau 88 da Terra para entrar no 89, que, com toda certeza, alcançaria durante a primeira hora de caminhada da manhã seguinte. Isso significava enfrentar o último dos dez graus de latitude que me separavam, inicialmente, do meu objetivo. Eu tinha que me alegrar à força, porque o Polo Sul estava quase ao meu alcance. Além disso, eu me despedia do ano de uma forma muito diferente e em um lugar único.

A noite de Ano Novo é especial para todos. É um momento comemorado em quase todo o mundo e em todas as culturas, exceto aquelas que seguem um calendário diferente e comemoram na data

213

correspondente. Eu mesmo passei finais de ano em lugares muito diferentes. Mas, mais uma vez, nunca havia vivido essa experiência sozinho e nunca, em toda a minha vida, o tinha feito em um lugar tão isolado e singular.

Eu não queria, é claro, deixar de viver com grande intensidade esse instante tão simbólico e inesquecível. E, visto que no meu país celebramos com doze uvas — as uvas da sorte —, coincidindo com cada uma das doze badaladas que indicam a meia-noite, comecei a preparar aquela festa, tão íntima e fresca (para mim), do modo que mais se assemelhava ao habitual.

Era impossível encontrar uva na Antártida, ainda que eu andasse mais de mil quilômetros em um mês para buscá-la. Mas, sem dúvida, a colheita de uva não tinha sido muito boa este ano em tais latitudes. Por isso, tive que me contentar com algumas avelãs que eu tinha ainda na reserva de frutos secos. Ainda tinha ficado um torrone do Natal e um resto da cerveja congelada do meu patrocinador. O que mais eu poderia querer? Ah, sim, tinha que preparar as badaladas, e isso eu resolvi pendurando a tampa da panela no teto da barraca, com um cordão, e tocando cada uma das horas com uma haste de substituição da barraca. Tudo estava a postos e perfeito; estava disposto a desfrutar de uma grande festa de

Ano Novo. Apesar de estar muito longe da minha família, posso assegurar que passei uma noite magnífica e que, por pura lógica, será muito difícil de esquecer para o resto da minha vida.

Também não foi ruim a celebração da véspera de Natal. Talvez tivesse sido ainda mais emocionante para mim, pois, além dos motivos religiosos, é uma festa bem enraizada tanto na minha família quanto na minha comunidade em geral.

Como eu sabia que o fato de estar sozinho e longe de tudo me afetaria mais, psicológica e sentimentalmente, nesse caso eu a preparei com o maior mimo possível. Há muitos dias eu pensava no cardápio, selecionando as melhores iguarias que levava no trenó e combinando-as de modo que, entre a fome que eu tinha e a miscelânea que colocava nele, parecesse uma noite verdadeiramente especial, pelo menos mentalmente.

No menu havia um aperitivo de queijo camembert que eu guardava há dias para a ocasião, pois se tratava do último que me restava. Como entrada eu preparei um creme de cogumelo instantâneo. O primeiro prato consistiu em um pacote de purê de batatas com carne liofilizado. Como segundo, tinha outro pacote de macarrão à bolonhesa liofilizado. Para a sobremesa, eu reservei meu favorito: outro pacote de mousse de chocolate liofilizado. E, como encerramento, um bom pedaço de torrone, como exigia a tradição em nossa casa, tudo bem regado com a cerveja do meu patrocinador, que permanecia bem guardada e protegida no trenó.

Não está de todo mal, certo? Sempre é fácil organizar uma noite especial quando há vontade e aplica-se a isso o entusiasmo e a imaginação. Depois do jantar, liguei para casa por telefone via satélite e conversei com minha esposa, meus filhos, meus irmãos e minha mãe. No final, a festa de Natal foi um verdadeiro luxo, me fez muito feliz e me recarregou as baterias por alguns dias.

Além do prêmio, que seria a chamada diária para a minha esposa por telefone via satélite, eu dispunha de outro elemento de comunicação de extraordinário poder emocional, que me produzia o efeito de uma bomba de energia positiva, diariamente, antes de deitar e dormir. De acordo com o costume que a minha esposa iniciou quando no nosso primeiro ano de relacionamento eu fiz uma expedição de vários dias até um local remoto, ela me havia preparado um cartão para cada dia de expedição, com uma mensagem pessoal que tinha sido escrita por ela mesma, algum dos meus filhos, ou outros membros da família ou amigos bem próximos. A última coisa que eu fazia cada noite, antes de dormir, era ler aquele cartão mágico que me trazia tantas coisas boas e tanto me conectava com os meus entes queridos.

Eu não deixava passar qualquer ocasião para comemorar algo. Qualquer momento singular ao qual valesse a pena dar um pouco mais de relevância se tornava parte da minha pequena coleção de homenagens.

Como expliquei anteriormente, eu comemorava o fim de cada ciclo de quatro dias que tinha programado.

Se eu tivesse feito uma boa etapa, com uma quilometragem notável, eu organizava um pequeno ritual de fim de dia, que geralmente incluía uma música que eu mesmo cantava ou escutava.

Fiz minha pequena homenagem a Ernest Shackleton quando superei os 23° 88' sul da Terra: essa foi a latitude máxima que atingiu sua expedição ao Polo Sul, chamada Minrod, em 1909. Além disso, aquele era o ponto mais próximo ao polo que o homem havia pisado, até que, em 1911, foi superado por Roald Amundsen em sua bem-sucedida conquista do Polo Sul.

Aquela comemoração da retirada de Shackleton, além de me conectar diretamente com a história das verdadeiras aventuras antigas e de reconhecer o valor desses pioneiros, também me permitiu tomar consciênca de que, sem dúvida, não é possível dar por alcançado um objetivo enquanto ele não estiver na palma da mão, ainda menos em um lugar tão imprevisível. O próprio Shackleton teve que dar meia-volta e desistir de ser o primeiro homem a pisar no Polo Sul bem no ponto onde eu me encontrava naquele exato momento, acreditando que tinha tudo muito bem focado.

Eu comemorava por ter chegado ao equador da travessia, ter visto as montanhas de Thiel, ter tido uma boa ideia pelo caminho, porque tinham feito uma entrevista muito legal comigo em algum meio de comunicação, pelo fato de receber milhares de visitas no blog em que eu publicava todo dia, por ter recebido uma ou várias mensagens muito especiais, porque a luz do dia tinha sido magnífica, porque não tinha qualquer grande problema físico que me impedisse de seguir em frente, porque meu material estava em muito bom estado para continuar sem maiores contratempos, por ter superado um obstáculo particular, por me comunicarem de casa alguma boa notícia da família, por ter dormido bem, porque tinha me recuperado fisicamente, porque a comida estava muito boa etc. Eu poderia fazer uma lista interminável de situações ou sensações que me davam motivos para comemorar algo. Como pode-se supor, uma das mais importantes comemorações que fiz em toda a expedição foi a chegada ao Polo Sul, 67 dias depois de ter

VIVER PARA SENTIR-SE VIVO

iniciado, abraçando como um louco a bola de metal que marca o ponto mais meridional do planeta. Meu trabalho consistia, sempre, em estar consciente de quando aconteciam as coisas, já que em seu contexto, em sua localização, nesse exato instante, é quando tem mais valor um determinado fato ou pensamento.

Eu me lembro muito claramente de que todos os dias, antes de entrar na barraca, quando já tinha tudo a postos, eu meditava alguns segundos sobre o prazer de ter terminado um dia sem contratempos e saboreava de antemão o prazer de poder descansar já em minha cabaninha; e, se fazia algum bom tempo e por pouca visibilidade que houvesse, eu dedicava três ou quatro minutos a fazer um percurso visual e mental por toda a imensidão que eu podia ver, girando 360 graus no lugar e inspirando fundo para absorver toda a força que aquele lugar e aquela situação me ofereciam.

Talvez você acredite que, pela forma como eu conto as coisas aqui, aquela travessia foi mamão com açúcar, mas passei por momentos muito delicados e extremamente difíceis em todos os aspectos. Passei muito frio, sofri desconfortos de todos os tipos, corri múltiplos riscos, tive fome, me cansei fisicamente, sofri por algumas lesões, senti saudade dos meus entes queridos na extrema solidão e, inclusive, fiquei entediado em algumas situações específicas, mas

ALBERT BOSCH

garanto a você que aproveitei muito mais do que
sofri. Acredite em mim: por mais dura que tenha sido
a expedição, a parte mais negativa ou complicada
ocupou uma porcentagem mínima da minha sensação, da minha mente e de minhas lembranças. Foi
muito pelo contrário, pois todos os obstáculos e so-
frimentos que me afetavam não faziam mais do que
aumentar o valor da experiência que estava vivendo.
Ali eu era feliz.

Para qualquer projeto com um mínimo de sucesso, é essencial poder ser feliz nele.

Logicamente, também há momentos em que não
resta outra opção a não ser fazer coisas que nos desa-
gradam. Muitas vezes procuramos fazer tudo ao
nosso alcance para poder avançar, e a felicidade deve
ser buscada no sentido de tudo aquilo além do determinado momento. Mas, de modo geral, temos que
tentar que o projeto coincida com o que realmente
queremos fazer. Que nossos atos nos proporcionem
muita felicidade enquanto os realizamos, não apenas
enquanto os planejamos, anunciamos ou quando
chegamos ao final e conquistamos o objetivo.

Pode parecer muito óbvio, mas me atreveria a
dizer que, na grande maioria dos casos, nós fazemos
coisas que não coincidem realmente com o que nos
faz felizes. E isso acontece tanto nos projetos profissionais como nos esportivos ou puramente pessoais.

Ao longo de muitos anos de intensa atividade ao redor de todo o mundo, eu encontrei um monte de gente eufórica e, teoricamente, muito feliz, que antes de iniciar uma aventura a anunciava aos quatro ventos, explicando a façanha que estava prestes a realizar. E eu também ficava feliz quando terminava, especialmente e logicamente se tivesse obtido êxito. Mas, por outro lado, durante a atividade, eu não estava realmente feliz e só pensava em quanto faltava para terminar, sem ter total consciência e sem aproveitar a fundo a situação, tão especial, mas muitas vezes também dura, que estava experimentando. Então, naquele momento, se as coisas ficassem mais complicadas que o esperado e não fossem resolvidas rapidamente, sem muitos esforços, a motivação e a apreciação dessas pessoas não eram suficientemente poderosas e autênticas para que lhes permitisse superar os obstáculos.

Sem ir tão longe, pergunto a você quantas pessoas da sua convivência programam viagens normais de férias, muito atraentes ou especiais na teoria, mas apenas as aprecia, na realidade, ao explicar previamente aos seus amigos aonde irão e ao mostrar as fotos quando elas retornam. E, durante a viagem, elas apenas contam os dias que faltam para que tudo termine e possam voltar para casa, para a rotina agradável de todos os dias. Na verdade, elas estão seduzidas apenas pelo fato de poder relatar a aventura, apesar de ser incapazes de explicar e explicar a elas mesmas, realmente, se a viagem lhes proporcionou a felicidade que elas tinham projetado.

Nosso tempo é um dos bens mais valiosos de que dispomos, por isso devemos ser muito inteligentes na hora de pensar e decidir onde depositar nossos esforços e entusiasmo.

Quando realizamos uma gestão de sobrevivência ou abordamos determinados detalhes, esses assuntos nem sequer podem ser planejados, logicamente. Mas, quando as circunstâncias pessoais nos permitem e tentamos realizar projetos mais ambiciosos, que se distanciam da parte mais básica da vida, trazendo um crescimento pessoal e uma evolução muito mais interessante, devemos realizar coisas que sejam verdadeiramente consistentes com nós mesmos e nos façam felizes.

Existem muitas formas de ter sucesso ou fracassar, mas acho que, no fim das contas, é muito melhor fracassar em algo que o faz feliz do que ter sucesso em algo para o qual você não dá a mínima, que não significa nada para você mesmo.

Quando estava percorrendo a última etapa da expedição, suando os escassos trinta quilômetros que me faltavam para pisar no Polo Sul geográfico, eu reforcei uma sensação que me acompanhava desde o início daquela aventura: eu tinha sido feliz.

A sensação de estar realmente conectado ao que você quer fazer e pensar, e constatar que você acertou na aposta por encontrar certas doses de felicidade em um determinado projeto, proporciona uma energia e bem-estar impressionantes.

Cada vez estou mais certo de que, embora em muitas ocasiões não tenhamos escolha a não ser trabalhar no que podemos e ponto, nunca devemos deixar de buscar o que realmente desejamos e ir em direção a isso. No fim das contas, o que nos dará a felicidade não será, imediatamente, o sucesso, mas ao contrário: será a felicidade que nos levará em direção a ele.

BLOCO DE NOTAS

- ✓ Você deve estar sempre ciente dos fatos no momento em que ocorrem.
- ✓ Os obstáculos não fazem mais do que aumentar o valor da experiência que você está vivendo.
- ✓ Devemos fazer com que o que projetamos e o que realmente queremos fazer coincidam.
- ✓ Devemos fazer coisas que sejam realmente coerentes com nós mesmos e que nos façam felizes.
- ✓ É muito melhor fracassar em algo que o faz feliz do que ter sucesso em algo para o qual você não dá a mínima.

✓ A sensação de estar realmente conectado com o que você deseja proporciona uma energia e um bem-estar impressionantes.

✓ Não vai ser o sucesso que nos trará felicidade, mas a felicidade que nos levará ao sucesso.

CAPÍTULO 12
NÓS CONSEGUIMOS

Eu sempre planejei as minhas aventuras pensando mais em aproveitar o caminho do que depender unicamente da conquista do objetivo. Eu sempre pensei que chegar ao fim é apenas um momento de prazer e que a felicidade significa olhar para trás, contemplar o trajeto percorrido e perceber que, no final, valeu a pena. Mas, ainda assim, devo reconhecer que, se você chega ao final com sucesso, o sentimento de euforia e alegria atingem um nível máximo.

Às duas horas e cinquenta minutos da tarde do dia 4 de janeiro de 2012, eu estava abraçando a bola que marca o ponto exato onde se encontra o Polo Sul geográfico da Terra. A temperatura era de cerca de 35 graus negativos, mas o vento era quase inexistente e, combinado com a emoção do momento, era bastante suportável, enquanto eu exprimia ao máximo as sensações daquele instante e Hannah tirava fotos para comemorá-lo.

As primeiras palavras que eu registrei ao tocar o ponto mais austral do planeta diziam: "Nós conseguimos. Eu consegui, juntamente a toda a minha família, com minha esposa em mente, me dando apoio sempre, com toda a equipe que trabalhou mais de um ano para tornar realidade este desafio, com Carles Gel, que me acompanhou durante a primeira parte da travessia, com todos os patrocinadores que apostaram nesta aventura, com todos os seguidores da internet e dos meios de comunicação que me apoiaram incondicionalmente. Eu nunca havia feito algo no qual estivera tão sozinho fisicamente, mas me sentia, na verdade, acompanhado, ajudado e alentado por tanta gente."

Alcançar o ponto mais meridional da Terra não é tão bucólico como pode-se supor, porque implica encontrar-se novamente com a civilização. Há ali uma das bases permanentes mais importantes da Antártida, que é norte-americana e se dedica à investigação dos neutrinos, partículas elementares sem massa ou carga que circulam o espaço e que, pelas condições especiais do Polo Sul, entram ali massivamente, permanecem perfeitamente conservadas, entre os 2.500

VIVER PARA SENTIR-SE VIVO

metros de espessura de gelo perpétuo que as acolhe, e permitem que os cientistas as investiguem, para obter informações puras e diretas dos confins do universo.

Além das edificações que vão se distinguindo à medida que você se aproxima do Polo, que lembram um filme da saga *Star Wars*, minha chegada foi mais animada do ponto de vista social do que normalmente ocorre nesse lugar.

Quando estava a cerca de três quilômetros da base, e apesar de saber que havia uma rota predeterminada e obrigatória para acessá-la, uma vez que não deixa de ser um lugar onde geralmente circulam máquinas e onde aterrissa, inclusive, qualquer avião pequeno, dei uma de besta e decidi pegar um atalho para poupar meia hora. Só me faltavam quinhentos metros para chegar quando, de repente, uma pessoa se aproximou de mim correndo a toda velocidade. Imediatamente pensei que tinham me pegado em flagrante em minha pequena trapaça e que a primeira saudação que eu receberia depois de estar tanto tempo isolado seria uma bronca monumental por ter seguido em linha reta e burlado as regras de acesso à base. Com uma atitude resignada, quando o corredor desesperado estava a apenas dois metros do meu nariz, eu escutei uma expressão em espanhol castelhano digna das histórias do Dr. Livingstone quando buscava as fontes do Nilo na África: "Você é o Albert Bosch, correto?" Fiquei pasmo, porque as primeiras palavras que ouvia depois de 48 dias perdido na solidão eram na minha língua e me citavam diretamente. O mistério foi resolvido em seguida. Aquele rapaz era Carlos Pobes, um aragonês que tinham selecionado entre candidatos de todo o mundo para trabalhar na manipulação do microscópio de neutrinos que utilizavam na base. Ele era um físico de apenas 29 anos, formado no Grupo de Pesquisa de Física Nuclear e Astropartículas (GIFMA) da Universidade de Zaragoza, especializada nessa tecnologia específica, e por isso havia sido escolhido para passar um ano inteiro lá. Como compatriota, ele tinha seguido a minha odisseia e sabia perfeitamente que eu deveria chegar à sua base naquele dia. Assim, então, ele ficou o dia todo atentando para a minha aproximação, e saiu para me receber e ser o primeiro a me cumprimentar pessoalmente. Fiquei alucinado e me dei conta de que aquela era minha estreia em uma tremenda tempestade de emoções que estava prestes a explodir, em seu ponto culminante, mas que ia se prolongar durante bastante tempo.

Apesar dos edifícios industriais de estilo galático produzirem a sensação de uma pequena cidade civilizada, no exterior, praticamente não existe ninguém, porque as condições ali são sempre tão rigoro-

VIVER PARA SENTIR-SE VIVO

sas que a vida acontece entre paredes, exceto pelas tarefas específicas que, de vez em quando, devem ser realizadas do lado de fora. Mas, enquanto abraçava Carlos, vi um grupo de pessoas que aparentemente também estavam me esperando. Acabou que era um grupo americano, que tinha percorrido o último grau e meio da Terra durante os nove dias anteriores, liderados por uma guia polar muito simpática, chamada Hannah McKeand. Eles tinham chegado no dia anterior e também estavam cientes de que se aproximava um louco, que tinha realizado 67 dias de expedição, dos quais nos últimos 48 permanecera completamente sozinho, e não quiseram perder a oportunidade de compartilhar o emocionante fim do meu trajeto. Eles me deram um montão de abraços, me convidaram para comer, e Hannah me acompanhou para cumprir meu ritual particular no lugar exato onde se encontra o ponto de comemoração do Polo Sul, onde me ajudou a tirar as fotos de praxe.

Eu teria gostado de permanecer um dia inteiro naquele lugar, mas, coincidentemente, nessa mesma tarde vinha um avião para pegar o grupo de Hannah, e, se eu não aproveitasse aquele transporte, teria que esperar pelo menos quatro ou cinco dias para poder sair de lá, considerando que as condições meteorológicas não se complicassem e o calendário de voos não fosse atrasado. Por isso, só pude passar três horas no

Polo, mas eu as aproveitei muito bem, e tive tempo suficiente para tirar fotos e fazer filmagens que no futuro me permitiriam desfrutar e ser consciente do valor desses momentos mágicos.

De qualquer forma, devo admitir que nesse momento eu me senti tomado por sentimentos contraditórios no que dizia respeito ao fim da minha travessia. Por um lado, eu me sentia eufórico por ter completado o desafio, contentíssimo de ter superado todos os obstáculos, satisfeito de já estar em um lugar seguro e ansioso para voltar para minha casa e ver a minha família, me encontrar com a minha equipe do projeto, abraçar meus amigos e me entregar aos prazeres mais mundanos provenientes das comodidades extremas da nossa civilização ocidental. Por outro lado, no entanto, eu sentia uma nostalgia prematura pelo que estava deixando para trás e tinha consciência de que esse final de trajeto só me distanciaria de um lugar onde eu havia tido uma das melhores experiências da minha vida, onde havia realizado uma viagem interior imensa e que dificilmente seria repetida, onde eu me sentia completamente conectado com aquele ambiente tão singular, com as minhas rotinas cotidianas, com a pureza de uma natureza linda e espetacular em todos os sentidos, e com uma paz mental que poucas vezes havia saboreado em qualquer das minhas outras aventuras. Eu estava muito feliz de ter terminado e desejava voltar para casa rapidamente, mas ao mesmo tempo também ficava triste em deixar a Antártida e tudo o que ela significava para mim nesse momento, tudo o que — já era então consciente — significaria para mim durante toda a minha vida.

Eu me lembro com especial emoção de que, no dia antes de percorrer a última etapa até o ponto final, o tempo estava excelente, o vento não soprava, e eu relutava em entrar na barraca, porque queria aproveitar ao máximo aquele panorama único, e porque aquilo significava dar o primeiro passo em direção ao "adeus" definitivo a um espaço muito exclusivo, que dali em diante faria parte de mim. Eu tinha encontrado o Polo Sul, e o Polo Sul tinha me encontrado.

Às cinco e meia da tarde, decolamos com o avião para nos dirigirmos à base americana de Union Glacier, ponto de partida e chegada da minha aventura antártica. O estrondo dos motores daquela máquina voadora era música celestial para os meus ouvidos, acostumados a escutar apenas o vento e o silêncio absoluto durante mais de um mês e meio. O simples fato de estar sentado no desconfortável assento daquele Twin Otter, me ver rodeado por outras pessoas, escutar algo distinto e estar voltando para casa gerou em mim umas sensações muito especiais, que só posso descrever como uma mescla de ressaca brava, bebedeira notória, mas controlada no referente às capacidades mentais, e os efeitos de um aspirador que absorvia o cansaço, a energia e, de uma vez, a conexão espiritual, para me deixar em um tipo de espaço novamente vazio ou, pelo menos, intermediário entre o isolamento da Antártida mais selvagem e o entorno — acolhedor e civilizado — da base à que me dirigia. Foram cinco horas de voo, com uma escala ao lado das montanhas míticas de Thiel para reabastecer o querosene, e me parecia que tinham me colocado outra vez no Salão do Espírito e Tempo do Son Goku, para me fazer viver o processo inverso e me preparar para o momento posterior ao combate, assim como para me tornar consciente da nova dimensão na qual eu me encontraria quando aterrissasse.

Eu gostaria de pensar que, se eu tivesse abandonado a expedição no último dia antes de chegar ao Polo Sul, teria me sentido igualmente feliz, mesmo sem ter completado inteiramente o desafio. Mas, para ser sincero, mesmo acreditando que, aqui e na maioria das aventuras que realizei, a viagem é realmente muito mais importante do que o destino, devo admitir que o fato de alcançar o objetivo é também uma parte significativa da felicidade geral que se obtém em um projeto. De fato, como eu já comentei, a mera convicção de que você fez tudo o que estava ao seu alcance para chegar à meta final significa já ter obtido o êxito principal; mas não é menos certo que poder completar os projetos é o melhor prêmio por todo o esforço e o enorme sacrifício que eu mesmo, toda a equipe e a minha própria família tivemos que fazer para concretizar determinada empreitada.

Ao marco que implica qualquer projeto deve ser dada toda a relevância que se tem, porque no final de tudo não se trata apenas de um feito simbólico que põe a cereja no bolo, mas é o ponto alto do nosso plano e, justamente por essa razão, a fonte de inspiração de toda a ambição necessária para alimentar o espírito de superação necessário para o processo de execução. Se nos conformássemos facilmente com qualquer resultado que não fosse o objetivo final, se não nos importássemos com a desistência ou com o abandono, se não tivéssemos claro que os motivos para tudo isso devem nos levar a esse ponto, sem dúvida não encontraríamos a energia necessária para lutar obstinadamente por qualquer assunto; e, se isso acontecesse, nos acomodaríamos ou nos conformaríamos rapidamente, e acabaríamos desistindo não só de nossas metas ou de nossos sonhos, mas também do simples planejamento da sua realização de forma fiel. A vontade de lutar, a ambição de avançar e a energia para operar vêm tanto do compromisso com o projeto como da confiança em nossa capacidade e em nosso sincero desejo de poder completá-lo.

Se apenas embarcássemos em uma aventura qualquer para aproveitar o caminho, para nos desconectarmos da rotina, ou porque acreditamos que é um tema distinto e interessante em nossa vida, mas não desejássemos com todas as nossas forças conseguir o objetivo, as chances de fracasso seriam muito altas, para não dizer inevitáveis. Assumir um desafio importante requer ambicionar com toda a energia possível as metas propostas. Se não for assim, será impossível sair inteiro de todas as situações incertas que vão aparecendo, ou assumir os riscos necessários para seguir em frente, ou superar as dificuldades e os pequenos ou grandes fracassos que, com toda certeza, aconteceriam. A ambição será sempre o encaixe que deve unir todas as partes que compõem o quebra--cabeça em que o aventureiro está envolvido.

Cada um de nós pode ter razões muito importantes para alimentar sua ambição particular com respeito a um projeto, mas certamente o prazer vai ser um dos principais. E por acaso existe maior prazer para um aventureiro do que obter um sucesso estrondoso em sua empreitada? Sem querer agora desconsiderar todos os demais motivos que devem compor os pilares básicos do sentido de qualquer projeto, é bom reconhecer também que a busca do prazer guia o comportamento de qualquer ser vivo. Segundo os neurologistas, o cérebro toma decisões de modo

VIVER PARA SENTIR-SE VIVO

inconsciente, depois de ter gravado, durante muitos anos, o que agrada a cada pessoa; e, se entendermos isso, será fundamental então saber escolher bem os prazeres que desejamos sentir em cada um dos objetivos, porque os prazeres farão parte da energia fundamental para que sejamos capazes de caminhar em direção a eles. A expedição Polo Sul 1911 - 2011 me proporcionou muita felicidade, mas no momento da chegada ao meu ponto de destino alcançou o nível mais alto de prazer imaginável.

BLOCO DE NOTAS

✓ Quando eu cheguei ao Polo Sul, me sentia eufórico por ter terminado, mas também me sentia triste em deixar a Antártida.

✓ Embora o caminho seja o mais importante, devo reconhecer que alcançar o objetivo é uma parte importante da felicidade geral de um projeto.

✓ Poder completar os projetos é o melhor prêmio por todos os esforços e sacrifícios realizados.

✓ O marco de um projeto é fonte de inspiração de toda a ambição necessária para alimentar o espírito de superação.

✓ Empreender um grande desafio requer ambicionar, com toda a energia possível, os marcos propostos.

✓ A ambição será o encaixe que deve unir todas as partes que compõem o quebra-cabeça no qual se envolveu um aventureiro. A busca do prazer será uma das razões importantes para alimentar a ambição no que diz respeito a um projeto.

✓ Os prazeres que desejamos sentir com cada objetivo serão parte da energia fundamental para que nos encaminhemos em direção a ele.

Fechando o círculo

É triste pensar que tudo tem um início e um fim. Talvez devêssemos ser um pouco menos quadrados e pensar que tudo tem uma fase inicial e uma fase final. Da mesma forma que compreender que a criação de um projeto nunca é somente fruto de um determinado momento ou de uma decisão específica, mas que corresponde à soma dos diferentes fatores acumulados em uma pessoa ou uma organização por um longo tempo, tanto no que se refere à parte tangível ou racional como no que se refere à parte mais espiritual ou onírica, podemos também compreender que a conclusão de uma aventura não pode ser limitada a alguns instantes ou acontecimentos específicos.

É fácil definir e relatar os fatos específicos: 4 de janeiro cheguei ao final da minha expedição ao Polo

Sul; no dia 7 já estava de novo em Punta Arenas (Chile); no dia 9 chegava a Barcelona, e no dia 17 recebi o presidente da Generalidade da Catalunha. Durante essas semanas, falei com todos os tipos de mídia, e no dia 23 o diário esportivo líder na Catalunha me deu o prêmio da façanha humana-esportiva do ano. No dia 28, me dedicaram uma homenagem em minha cidade natal, e por muitos meses continuaram sendo celebrados atos ou reconhecimentos que faziam parte da conclusão dessa aventura. Finalmente, no mês de maio, apresentamos oficialmente o documentário da expedição e, com toda a equipe, consideramos que aquilo era realmente o ponto final, que concluía formalmente o projeto.

Mas finalizar qualquer projeto vital vai muito além dos fatos ou das datas específicas.

Qualquer objetivo interessante deve ter passado por três fases essenciais desde a sua criação até sua conclusão: (1) sonhar ou imaginar; (2) pensar e planejar; (3) executar desde o início efetivo até o final. Contudo, faltaria aqui uma quarta fase fundamental: a que fecharia realmente o círculo e que inclui o aprendizado de tudo isso.

Uma vez terminada a parte tangível do desafio, começa a parte mais interessante do assunto: a interiorização e assimilação do que foi vivido, para que se torne parte de nós mesmos e nos proporcione um

VIVER PARA SENTIR-SE VIVO

importante enriquecimento de nossa evolução pessoal. Ficar apenas com os resultados superficiais de qualquer projeto ou aventura é perder a maior parte do que ele pode nos trazer. As fotografias, os parabéns, o reconhecimento público e a satisfação por ter superado o desafio são normais e são sempre fatores valiosos, mas são os feitos pontuais que serão apagados rapidamente com o passar do tempo, se você não exprimi-los ao máximo para alcançar o que está mais além.

O cérebro é como um paraquedas: só funciona bem se estiver aberto. Aqueles que desejam conduzir seu próprio caminho vital devem exigir de si mesmos que sejam como esponjas mentais, para absorver ao máximo todas as suas experiências, tanto positivas quanto negativas. Mas também precisam entender que a finalidade de ter uma mente aberta é como a de ter a boca aberta: deve ser preenchida com algo valioso.

A imaginação, a criatividade, os valores, a confiança, a energia, a perseverança, a superação, a capacidade de decidir, o controle dos medos, a gestão das emoções, a capacidade de enfrentar fracassos, a ambição, o amor-próprio, o bom humor, a serenidade e muitos outros fatores essenciais para planejar e realizar desafios enriquecedores são elementos que não podem ser treinados em uma academia, nem comprados em uma loja, nem mesmo aprendidos em uma escola, em um livro ou manual teórico. Todos esses aspectos são ferramentas indispensáveis para poder abrir o caminho em direção a qualquer um dos nossos objetivos, e só conseguiremos isso a partir do curso das nossas ações e atitudes que, para o bem e para o mal, vão formando nosso caráter.

O circuito de qualquer projeto só estará completo quando tivermos conseguido tirar as conclusões adequadas e aprender de todas as condutas, próprias e alheias, do ambiente ou dos fatos e significados de tudo. À medida que conseguirmos fazer isso, teremos mais ou menos combustível e mais ou menos qualidade para iniciar outro círculo vital, sonhando primeiro, depois planejando, então finalmente executando, para voltar a adquirir lições de vida que fortaleçam as molas da plataforma de lançamento do nosso desenvolvimento, como pessoas inquietas e ansiosas por abraçar um futuro emocionante.

Antes de partir em direção à Antártida, escrevi que um dos meus principais motivos era aprender coisas sobre a atitude e o comportamento humano. Apesar disso, nunca suspeitei que tinha me matriculado em um dos melhores mestrados no mundo nessa especialidade, pois tudo o que aconteceu comigo, desde as dificuldades climáticas, a resistência física, o abandono prematuro do meu colega, a solidão extrema, ter sido capaz de me conectar tanto com aquela zona especial do planeta, permitiu-me realizar uma revisão sistêmica e completa em 360 graus, tanto de mim mesmo quanto do ambiente onde estava, da minha pessoa integrada naquele lugar específico e no planeta em geral.

O conceito de "radicalidade" apareceu várias vezes neste livro, e agora, quando já chegamos às conclusões, vejo que é muito importante que busquemos ser cada vez mais radicais no sentido de estar mais enraizados em valores e compromissos específicos. Isso significa que todas as lições aprendidas a partir das diversas experiências acumulam mais conceitos valiosos em nossas raízes, e por isso nossa radicalidade será maior ainda, nos dando uma força e energia incríveis em qualquer um dos novos testes que, no futuro, teremos que encarar e que nos permitirão crescer.

Eu disse em diferentes partes deste livro que a vida é um grande projeto que consiste na soma de muitos outros projetos. Em consonância com esse argumento, se tratarmos cada um desses projetos de forma fechada, teremos, como resultado, uma miscelânea de experiências desconexas que nos proporcionarão boas recordações, mas terão nos enriquecido pouco em sua totalidade. O que extraímos de cada aventura é o mais importante, quando tudo termina, e deveria nos conectar tanto com nosso próprio interior quanto com o resto do mundo, para tornar-se, pouco a pouco, algo muito fácil de escrever e pronunciar, mas muito difícil de perseguir e alcançar: ser pessoas melhores.

Este livro me ajuda a fechar o círculo de uma aventura vivida, sempre, em um congelador e com as ideias muito frescas. Uma grande parte das reflexões e dos aprendizados que obtive dela são expressos nestas páginas. Não importa se eles já formam uma parte intrínseca de mim ou ainda estão apenas no plano das ideias ou dos conceitos interessantes que eu gostaria de explorar, mas que sempre custa aplicar. No entanto, a verdade é que eu acredito neles e me interessa muito testá-los, para ver qual passará a ser mais um elemento do meu caráter no futuro e qual permanecerá no meu subconsciente, durante certo tempo, e será diluído até desaparecer.

Embora isso seja parte de minhas próprias conclusões especificamente nessa aventura, minha intenção ao escrever este livro era que o conjunto servisse como um roteiro ou elo condutor para que todo mundo pudesse se identificar, de uma maneira ou de outra, fosse em algum dos aspectos tratados ou na totalidade do conceito de querer entender a vida como algo que nós mesmos devemos liderar se não quisermos ser liderados.

VIVER PARA SENTIR-SE VIVO

Depende de nós atuar como espectadores ou optar por ser roteiristas e atores principais do filme da nossa vida; se nos limitamos a contemplar como todos realizam os seus sonhos ou nos dedicamos a tornar os nossos realidade; se desejamos viver ativamente a nossa existência ou só a pensamos ou teorizamos; se vamos seguindo o caminho que nos foi estabelecido ou estamos dispostos a dar passos por outros caminhos que nos expandam como pessoas e nos mostrem novos espaços, tanto físicos como mentais.

Nós não estamos obrigados a passar os anos que nos foram concedidos neste mundo de forma rotineira, como se fosse algo predestinado ou programado anteriormente por uma existência na qual devemos fazer em cada momento o que nos cabe, como uma busca permanente do conforto e da segurança, como um caminho puro que nos leva a consumir etapas predeterminadas e sempre previsíveis. A vida pode ser muito mais do que isso, e cabe ser considerada um projeto emocionante, uma imensa aventura em todos os níveis, um caminho que escolhemos a cada momento e, acima de tudo, uma ação permanente que decidimos conduzir em cada etapa.

Sem dúvida as palavras "aventura" e "projeto" devem ser as mais repetidas nas páginas que você acabou de ler. Meu desejo era que, sempre que você as lesse, aplicasse a elas o seu próprio conteúdo, seus próprios sonhos, suas próprias intenções, seus próprios planos vitais. Não importa que sejam grandes desafios ou pequenas iniciativas; dá na mesma se o escopo é esportivo, cultural, profissional, familiar ou social; o que conta é que, quando planejamos objetivos que nos entusiasmam, eles tenham sentido, nos enriqueçam e nos façam crescer como indivíduos, e que sejam úteis, tanto para nós mesmos como para nosso ambiente imediato ou global.

Nós temos que viver momentos muito complexos, mesmo turbulentos e extremamente incertos. Mas alguém pensa que não foi assim quase sempre na história da humanidade? Alguém ainda acha que, com a velocidade em que tudo acontece hoje em dia, ainda que a economia funcionasse bem, haveria estabilidade e segurança no nosso entorno? Na minha modesta opinião, com mais ou menos estabilidade econômica, as mudanças constantes e a complexidade serão sempre um traço inerente da nossa sociedade, presente e futura. Portanto, se sempre foi perigoso se deixar arrastar pela vida, agora, tendo consciência de como tudo funciona, isso seria uma enorme imprudência. Temos que aspirar, só por pura sobrevivência, a liderar nós mesmos o caminho, e se além disso pretendermos ser felizes e nos desenvolvermos como pessoas, deveremos ser ainda mais líderes de nosso grande projeto, da nossa vida.

Com tudo isso, não pretendo me mostrar negativo, nem pessimista, simplesmente desejo constatar uma realidade. No final das contas, não deixa de ser como em qualquer das aventuras que mencionamos: as dificuldades são sempre parte do caminho. Mas, para aqueles que as encarem como circunstâncias que devem ser enfrentadas para atingir objetivos importantes e estimulantes, tudo isso será apenas uma sucessão de obstáculos que devem ser evitados ou superados.

Muitas pessoas associam o conceito de aventura a algo perigoso e cheio de riscos, mas talvez devamos começar e pensar que, agora, quem mais arrisca é aquele que está parado e esperando que a vida o arraste, sem avançar em busca de novos espaços, novas oportunidades, novos desafios, novas fronteiras, novos valores, novas dimensões.

É simplista e absurdo querer basear nossa felicidade apenas no mundo conhecido e nas coisas como estão agora ou estiveram até agora, claramente escolhendo as melhores partes e descartando as más, dedicando-nos a reivindicar e lutar unicamente para preservar algumas coisas que nos proporcionavam segurança, conforto e bem-estar. Obviamente, temos que preservar todas as coisas positivas que pudermos, mas não à custa de sacrificar a coragem de explorar novos caminhos que, obrigatoriamente, substituirão em grande parte algumas das rotas já traçadas. Também devemos aprender a renunciar; a própria evolução nos leva a ter que nos moldarmos constantemente a novos ambientes, nos quais vamos perder muitas coisas, mas, ao mesmo tempo, vamos ganhar muitas outras. Não podemos permitir que as circunstâncias nos superem, porque nesse caso seremos tomados pelas dúvidas sobre o que temos que fazer, o que a vida exige de nós ou se servimos para algo; por outro lado, se nos dedicarmos a criar e viver projetos, partiremos sempre de uma única pergunta básica e de grande importância: o que eu quero da vida?

Já estamos no século XXI, no 13º ano do século XXI, e seria totalmente estúpido querer nos guiar pelos parâmetros do século XX. Em primeiro lugar, porque agora já não cabe aplicar algumas fórmulas válidas em outros tempos, e em segundo lugar, porque, apesar de terem acontecido coisas boas, também não é um século do qual podemos nos orgulhar 100%.

Da mesma forma que fizemos com nossas experiências pessoais e nossos projetos, também no caso das épocas, temos que ir fechando círculos, e agora devemos enfrentar um novo paradigma social em que, além de nos exigir uma significativa capacidade de autoliderança, também teríamos que nos fixar no objetivo de sermos líderes conscientes, que buscam

VIVER PARA SENTIR-SE VIVO

resultados de felicidade, sustentabilidade e prosperidade, tanto para nós mesmos quanto para o resto da sociedade e o meio ambiente. Esperamos que essa seja a liderança predominante no futuro, porque dessa forma todos seremos capazes de viver e impulsionar nossos planos individuais para compor um grande projeto de vida que, além disso, esteja ligado à conquista de um grande projeto para a humanidade.

Ainda que toda essa reflexão final pareça bastante distante dos fatores mais específicos discutidos nos capítulos anteriores, ela é parte do modo como eu fecho meu círculo particular na expedição ao Polo Sul. Ali aprendi muitas coisas, fiz com que muitas peças do quebra-cabeça da minha vida se encaixassem, fortaleci muitas reflexões, amadureci em alguns aspectos e, acima de tudo, tomei uma grande decisão. Eu queria ser o líder da minha vida; um líder consciente de que suas ações são parte de um todo e que qualquer coisa que fizer deve estar alinhada com determinados valores sociais e ambientais. Tomei a decisão de que essa será uma das direções básicas da minha vida cotidiana e dos meus projetos em qualquer nível. Não sei se isso me proporcionará mais ou menos sucessos concretos, mas sem dúvida vai me fazer feliz e forte para poder avançar pela intensa época em que nos encontramos.

Dizem os sábios que a melhor maneira de prever o futuro é imaginando-o e provocando ações que nos guiem até ele. Certamente essa não é uma definição absoluta, mas é muito provável que seja em grande parte verdadeira. No final das contas, nós não podemos controlar a duração da vida, mas sim a direção e a intensidade com que a vivemos.

No Polo Sul, contei 2.304.400 passos. Mas na vida dei muitos mais, mesmo sem tê-los contado. Seria bonito que todo mundo tivesse calculado os passos que deu para chegar ao lugar aonde está, pois todos acumulamos muitas lições, experiências e emoções. No entanto, agora o importante é o passo seguinte que devemos dar, pois será o primeiro do resto do nosso caminho, e nesse passo devemos concentrar toda a nossa energia, toda a nossa sensibilidade, toda a nossa sabedoria e toda a nossa paixão.

Não importa se a minha próxima grande aventura será o Polo Norte ou qualquer outra, mas tenho certeza de que, a partir deste instante e até que se acabem as forças ou chegue o fim dos meus dias, programarei muitas outras, maiores ou menores. Somos o projeto que realizamos, e isso é algo que devemos levar muito a sério.

Que você tenha um bom projeto, uma boa vida. Que dê muitos passos e aproveite cada um deles. Que os seus dias sejam emocionantes e cheios de sentido.

Viver para sentir-se vivo

Que você seja consciente do que faz e dos caminhos que vai percorrer. Que você aproveite a sua aventura. E, acima de tudo, que você viva intensamente para sentir-se vivo.

Leia Magnitudde

Romances imperdíveis!

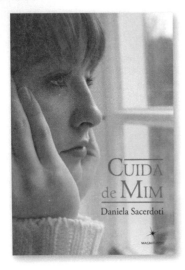

Cuida de mim
Daniela Sacerdoti

A vida de Eilidh Lawson está passando por uma séria crise. Após anos de tratamentos fracassados para engravidar, da traição de seu marido e de lidar com sua família egoísta, Eilidh entra em uma depressão profunda e fica sem chão. Desesperada e sem forças, ela busca amparo e conforto em uma pequena vila ao Norte da Escócia, onde reencontra pessoas queridas e uma vida que havia ficado para trás. Quando tudo parece perdido, Eilidh redescobre o amor pelo ser humano e por si própria e, então, coisas estranhas e forças sobrenaturais começam a aparecer. Com a ajuda de uma alma amiga, alguém que se foi, mas que mesmo assim quer ajudá-la a lutar contra os egos e os medos, Eilidh encontra seu verdadeiro amor.

Meu querido jardineiro
Denise Hildreth

O governador Gray London e Mackenzie, sua esposa, realizam o sonho de ter uma filha, Maddie, após lutarem por dez anos. Mas uma tragédia leva a pequena Maddie e desencadeia uma etapa de sofrimento profundo para Mackenzie. Quem poderia imaginar que uma luz surgiria do Jardim, ou melhor, do jardineiro? Jeremiah Williams, jardineiro por mais de vinte e cinco anos no Palácio do Governo do Tennessee, descobre que seu dom vai muito além de plantar sementes e cuidar de árvores. Trata-se de cuidar de corações. Com o mesmo carinho e amor que cuida das plantas, ele começa a cultivar e quebrar a parede dura em que se transformou o coração de Mackenzie, com o poder do amor e das mensagens passadas por Deus.

Leia Magnitudde

Reflexão e meditação

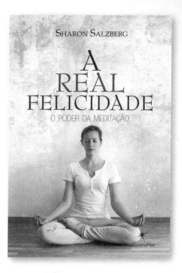

Uma questão de vida e morte
Karen Wyatt

Uma abordagem humana e comovente sobre como lidamos com os sentimentos de perda, luto e pesar, especialmente aqueles que nos acometem quando vivenciamos a morte de um ente querido. A Dra. Karen M. Wyatt parte de um profundo trauma pessoal, o suicídio do próprio pai, para empreender uma viagem literária de sabedoria e compaixão por seus semelhantes. Como se fora uma conselheira, às vezes uma confidente, ela estimula o leitor a encontrar forças para percorrer o duríssimo trajeto até a cura, sempre oferecendo uma palavra de consolo e encorajamento, lembrando-o da grandiosidade e da beleza da vida, impedindo-o de desistir no meio do caminho com as suas observações luminosas, que exaltam a temperança e a fé.

A real felicidade
Sharon Salzberg

A Real Felicidade traz um programa que visa a explorar, de maneira simples e direta, todo o potencial da meditação. Baseada em tradições milenares, estudos de casos, relatos de alunos e também em modernas pesquisas neurocientíficas, a autora Sharon Salzberg auxilia os leitores no desenvolvimento da reflexão, da consciência e da compaixão, instruindo-os em um leve passo a passo, durante um mês, rumo à descoberta de quem realmente são e por que estão aqui. Ideal tanto para os meditadores iniciantes quanto para os mais experientes.

Leia Magnitudde

Saúde e bem-estar

A solução para a sua fadiga
Eva Cwynar

Este livro ensina como manter a energia e a vitalidade. Mostra como os hormônios afetam o corpo e o que deve ser feito para equilibrá-los, evitando as famosas oscilações hormonais que esgotam a nossa energia e prejudicam a nossa saúde. A Dra. Eva Cwynar, mundialmente conhecida por seu trabalho com reposição hormonal, menopausa feminina e masculina, disfunção da tireoide, emagrecimento e superação da fadiga, apresenta aqui oito passos que podem nos trazer longevidade e qualidade de vida.

Como dizer sim quando o corpo diz não
Lee Jampolsky

Independentemente de idade ou gênero, em algum momento de nossa vida podemos nos ver diante do que o experiente psicólogo e escritor Lee Jampolsky classifica como problemas de saúde. Não importa o tipo de problema; quer seja uma simples dor nas costas, um distúrbio emocional, ou até mesmo uma doença mais grave, o fato é que, para encontrar a felicidade e o bem-estar, todos nós estamos suscetíveis a enfrentar obstáculos impostos por nosso próprio corpo. Levamos você a encontrar a liberdade, a saúde, o crescimento e a solidez espiritual mesmo na presença do problema físico, emocional mais difícil, auxiliando-o a tornar-se uma pessoa mais feliz, forte e humana que verdadeiramente sabe Como dizer sim quando o corpo diz não.

Leia Magnitudde

Autoconhecimento

Através dos olhos do outro
Karen Noe

Como médium, Karen Noe frequentemente recebe mensagens de arrependimento – entes queridos falecidos comunicam-se dizendo que agora entendem que deveriam ter dito ou feito coisas de formas diferentes quando ainda estavam na Terra. Neste livro, a autora nos mostra que não é preciso morrer para iniciar uma revisão de vida. Devemos fazê-la agora mesmo, antes que seja tarde demais. Escrevendo diferentes tipos de cartas podemos enxergar melhor como afetamos a todos que passam por nosso caminho. Assim, Karen nos traz sua jornada pessoal, mostrando como a sua própria vida se transformou depois que ela passou a escrever cartas aos seus entes queridos. Esta obra é um guia que vai lhe mostrar como escrever essas cartas.

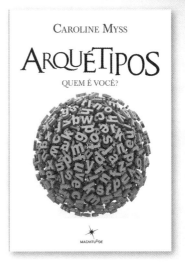

Arquétipos – quem é você?
Caroline Myss

Nenhum de nós nasce sabendo quem é ou por que somos do jeito que somos. Temos de procurar por esse conhecimento de maneira intensa. Uma vez que a curiosidade sobre si mesma é acionada, você inicia uma busca pelo autoconhecimento. Você é muito mais do que a sua personalidade, seus hábitos e suas realizações. Você é um ser infinitamente complexo, com histórias, crenças e sonhos – e ambições de proporções cósmicas. Não perca tempo subestimando a si mesmo. Use a energia do seu arquétipo para expressar o verdadeiro motivo de sua existência. Viver nunca significou não correr riscos. A vida deve ser vivida em sua plenitude.

Leia Magnitudde

Espiritualismo e autoajuda

Um lugar entre a vida e a morte
Bruno Portier

Anne e Evan estão na aventura que sempre sonharam, completamente apaixonados, e viajando pela Cordilheira do Himalaia. O que eles não previam é que uma terrível tragédia iria acabar com seus planos e enviá-los para caminhos totalmente distintos. Uma história de aceitação, uma jornada emocional e espiritual, em que a mente se abre para a possibilidade efetiva de que esta vida que conhecemos não é a única, e que a morte não é o fim de tudo. Inspirado em O Alquimista, de Paulo Coelho, e Jonathan Livingston Seagull, de Richard Bach, o autor explora questões profundas sobre a vida, a morte e o amor.

O Desejo
Angela Donovan

O livro trabalha com o ideário de que pensamentos são desejos disfarçados, e que precisamos desejar algo na certeza de que teremos sucesso para que o êxito realmente aconteça. Ao todo, são 35 capítulos curtos que compõem um passo a passo e explicam como: entender os desejos e o amor, afastar o pensamento negativo, atentar-se para o uso das palavras corretas, adquirir autoconfiança para projetar uma imagem melhor, lidar com os medos, descobrir o papel de nossa vida, compreender a herança genética, alcançar equilíbrio, cuidar do coração, direcionar as intenções, concentrar-se no presente, aumentar a força, dar para receber, ser mais determinado, grato etc.

Vivendo com Jonathan
Sheila Barton

Sheila Barton, mãe de três filhos, sendo um deles autista, conta sua vida, desde o nascimento dos seus filhos até os diagnósticos médicos, os tratamentos errados, as pessoas preconceituosas e o mundo para criar seu filho autista da melhor forma possível. Jonathan é um menino amoroso, feliz, compreensivo e diferente. Suas enormes dificuldades de aprendizado fizeram com que Sheila se esquecesse de tudo o que já ouviu falar sobre crianças e aprendesse a viver de um modo diferente, aprendesse a ser uma mãe diferente. É uma história humana, que vai fazer você entender melhor as pessoas e a vida.

Leia Magnitudde

Mundo animal

Seu cachorro é o seu espelho
Kevin Behan

Em Seu cachorro é seu espelho, o famoso treinador de cães Kevin Behan propõe um radical e inédito modelo para a compreensão do comportamento canino. Com ideias originais e uma escrita cativante, o livro está destinado a mudar completamente a maneira de se ver o melhor amigo do homem. O autor usa toda a sua experiência para forçar-nos a uma reflexão de quem realmente somos, o que os cães representam em nossa vida, e por que estamos sempre tão atraídos um pelo outro. Fugindo das teorias tradicionais, que há anos tentam explicar as ações dos cachorros, Behan traz à tona a ideia de que as atitudes caninas são movidas por nossas emoções. O cão não responde ao seu dono com base no que ele pensa, diz ou faz. O cão responde àquilo que o dono sente. Este livro abre a porta para uma compreensão entre as espécies e, talvez, para uma nova compreensão de nós mesmos.